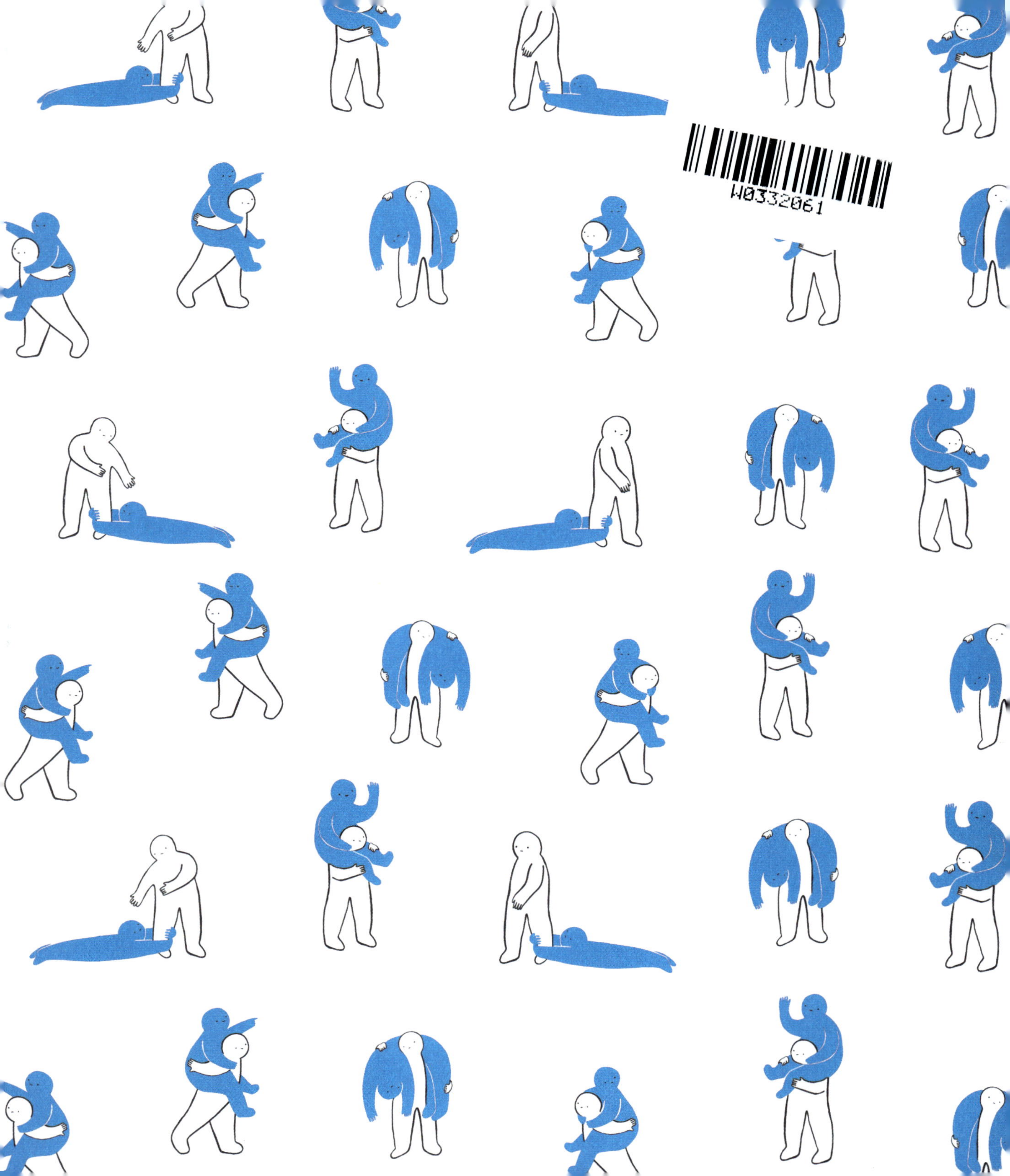

DIESES BUCH IST FÜR DICH

(ICH HOFFE, ES BAUT DICH EIN WENIG AUF.)

VON WORRY LINES

AUS DEM ENGLISCHEN VON CORNELIUS HARTZ

LAPPAN

INHALT

DAS BIN ICH

DAS IST HOFFNUNG

DAS IST SORGE

DIESES BUCH IST

FÜR DICH

VORWORT VON WORRY LINES

ALS SICH TATSÄCHLICH EIN VERLAG BEREIT ERKLÄRTE, DIESES BUCH HERAUSZUBRINGEN - EINE SAMMLUNG MEINER BELIEBTESTEN ZEICHNUNGEN ÜBER GEDANKEN, GEFÜHLE, SORGEN UND EMPATHIE, EINGEBETTET IN EINE MUT MACHENDE GESCHICHTE -, WAR ICH VÖLLIG AUS DEM HÄUSCHEN. ICH WOLLTE SCHON IMMER EIN GRÖSSERES PROJEKT MACHEN, ETWAS, DAS NICHT IM INTERNET FUNKTIONIERT, SONDERN NUR ALS BUCH SINN ERGIBT.

DOCH BEVOR ICH VOLLER VORFREUDE MIT DEM ZEICHNEN BEGINNEN KONNTE, KAM MIR ETWAS DAZWISCHEN, DAS ICH SEHR GUT KENNE: SORGE.

SORGE BEGLEITET MICH SCHON MEIN GANZES LEBEN, IST MEIN STÄNDIGER BEGLEITER UND KANN MEINE KREATIVITÄT KOMPLETT LÄHMEN. ICH WUSSTE, WENN ICH MIR UM DAS BUCH JETZT SCHON ZU VIELE GEDANKEN MACHE, BRAUCHE ICH GAR NICHT ERST ANZUFANGEN. ICH DURFTE NICHT ZULASSEN, DASS SORGE BEI DIESEM PROJEKT DEN TON ANGIBT, ANSONSTEN STÜNDE NICHT NUR DAS BUCH AUF DEM SPIEL, SONDERN AUCH MEINE PSYCHE.

ALSO BESCHLOSS ICH, ZUM ERSTEN MAL IN MEINEM LEBEN, DASS ICH

ES NICHT ZULASSE, DASS MEINE ANGST
DIE KONTROLLE ÜBER EIN PROJEKT
ÜBERNIMMT, DAS MIR SO VIEL BEDEUTET.

DASS MIR AUSGERECHNET SORGE DABEI
IM WEG STAND, EIN
BUCH ÜBER MEINE SORGEN ZU MACHEN,
WAR SCHON FAST KOMISCH (FAND AUCH
MEIN THERAPEUT). SO ENTSCHIED ICH,
DASS SORGE BEI DIESEM BUCH EINFACH
NICHT MITMACHEN DÜRFE!

DIESEN BESCHLUSS IN DIE TAT UMZUSETZEN,
WAR NICHT EINFACH. OB ES GEKLAPPT HAT?
SCHAUEN WIR MAL.

- WORRY LINES

HIHI, DER DA WIRD SUPER!
DANKE, HOFFNUNG!
COOKIES

ACHTUNG!

COOKIES

COOKIES
TO DO

UI, SIND DAS KEKSE?
WO IST HOFFNUNG HIN?
COOKIES

DAS IST EIN DESASTER, SORGE! WENN HOFFNUNG WEG IST, DANN WERDE ICH MEIN BUCH NIEMALS BEENDEN.
WOOOOHHOOO! SCHOKOKEKSE!
COOKIES

WARTE ... BUCH? WELCHES BUCH?
ICH MACHE EIN BUCH ÜBER MEINE ZEICHNUNGEN. ICH HABE EINEN VERLAG GEFUNDEN UND DU WIRST MICH NICHT AUFHALTEN. FLIPP JETZT BITTE NICHT AUS.
COOKIES

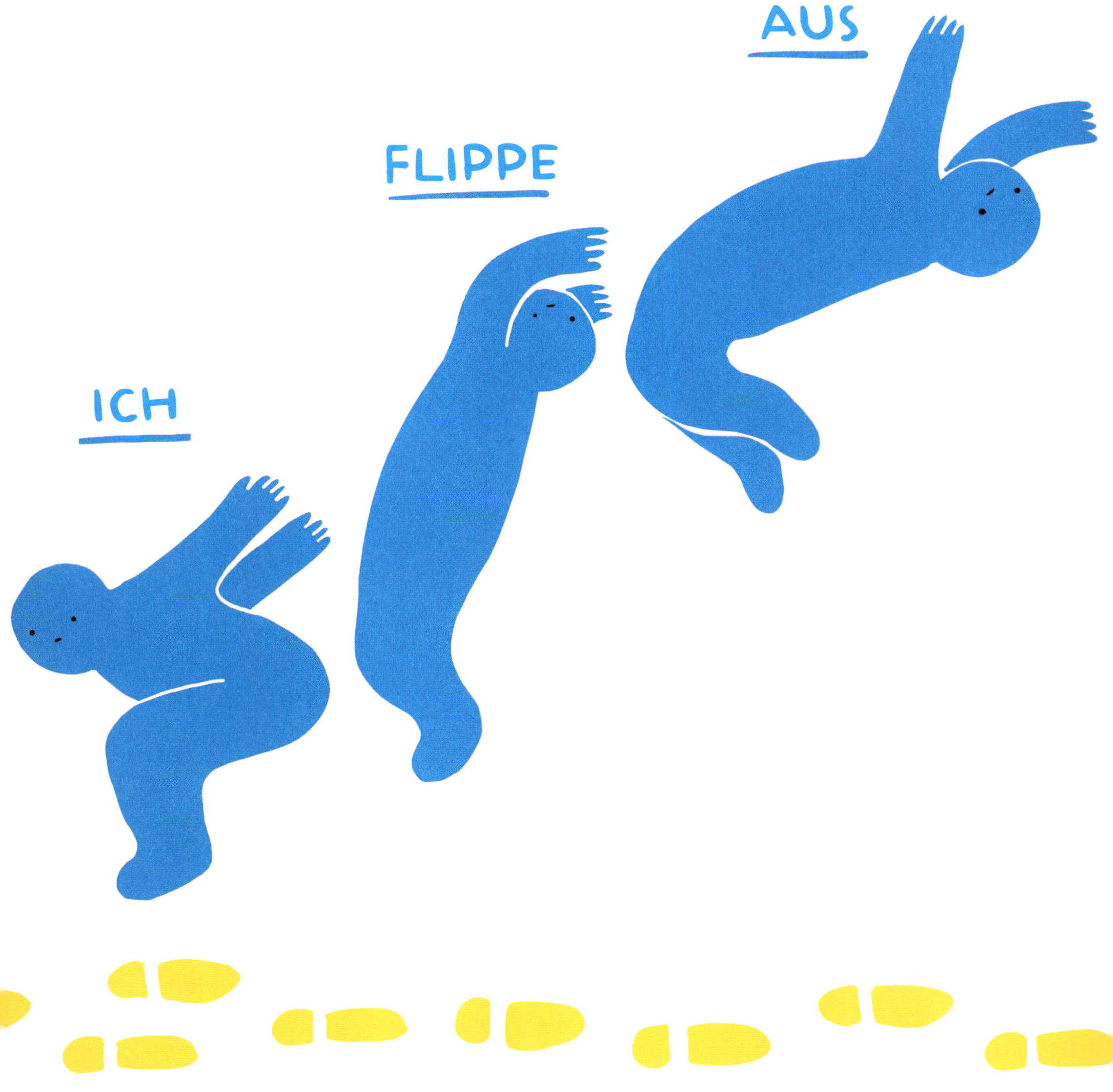
ICH
FLIPPE
AUS

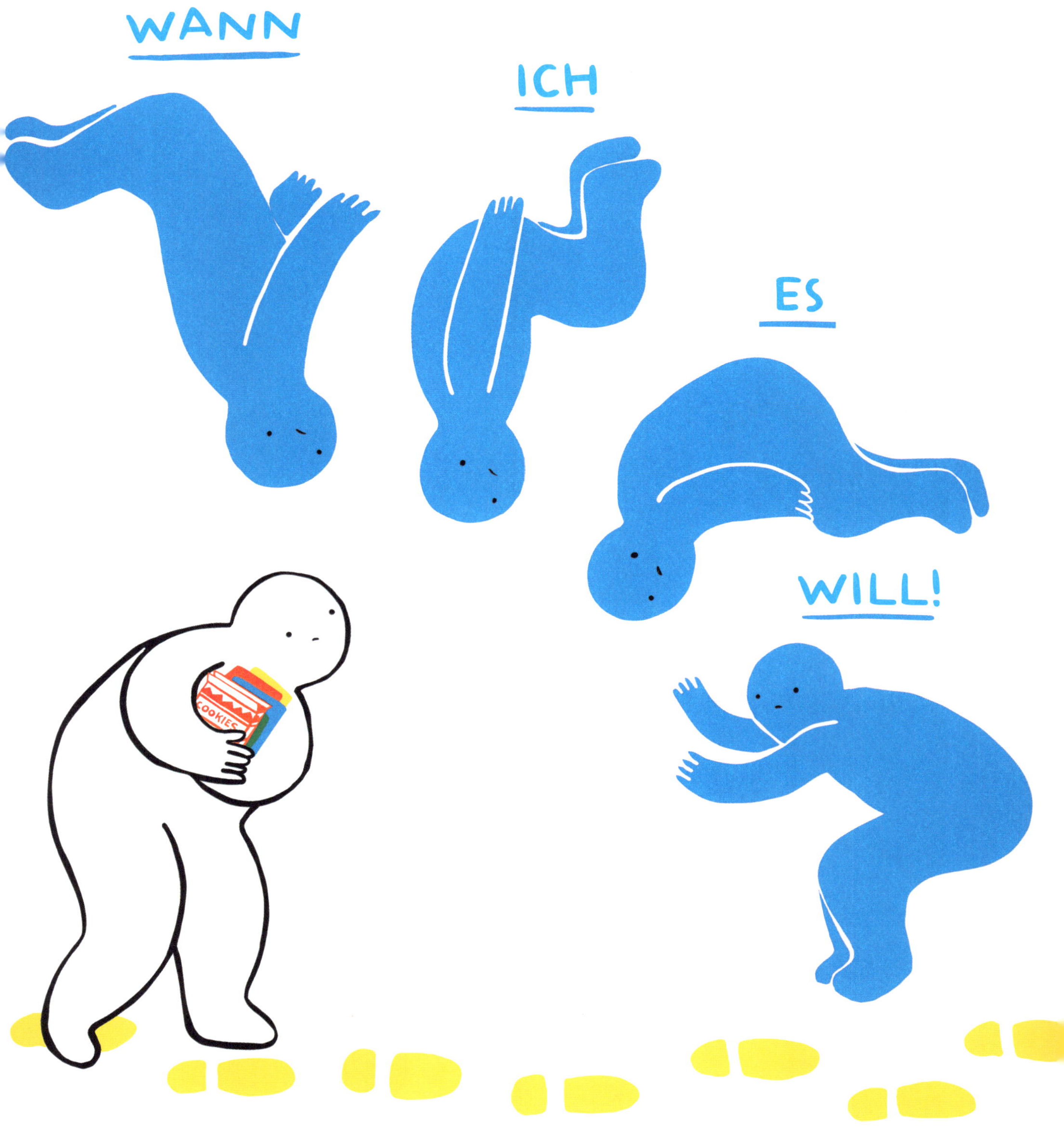
WANN
ICH
ES
WILL!
COOKIES

SEUFZ LASS MICH RATEN: DU WIRST GLEICH SAGEN: „DAS IST EIN DESASTER."
DAS IST EIN DESASTER!
WARUM IST DAS EIN DESASTER? DAS IST EINE TOLLE CHANCE!
CHANCE? CHANCEN SIND DER NÄHRBODEN DER ENTTÄUSCHUNG!

ES IST BLOSS EIN BUCH!
WEISST DU, WIE ENTFLAMMBAR BÜCHER SIND?!
ACH, KOMM SCHON, SORGE, WAS SOLL PASSIEREN?
COOKIES
LASS MICH NACHDENKEN …
LOADING...

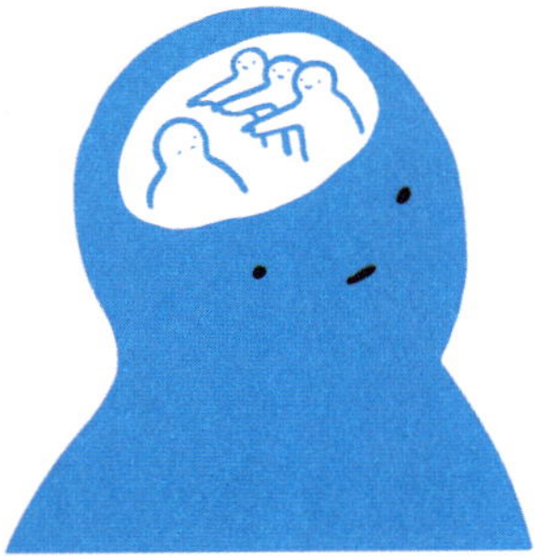

ÖFFENTLICHE DEMÜTIGUNG?

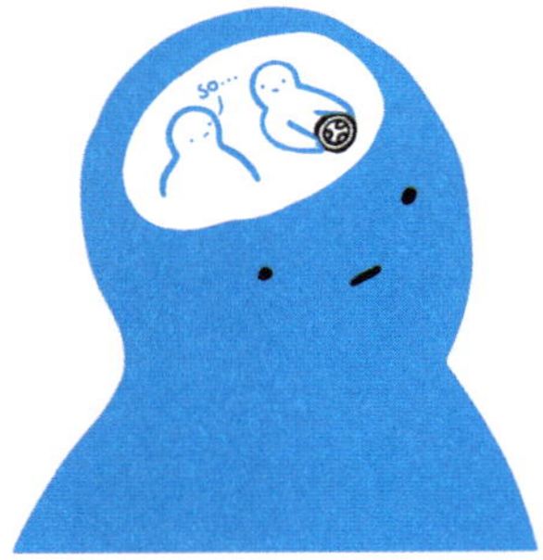

SMALL TALK MIT EINEM TAXI-FAHRER?

KOMPLETTER KOLLAPS DES ÖKO-SYSTEMS?

MIT EINEM THERAPEUTEN IM FAHRSTUHL STECKEN BLEIBEN?

DU MERKST, DU BIST NICHT SO STARK, WIE DU DACHTEST?

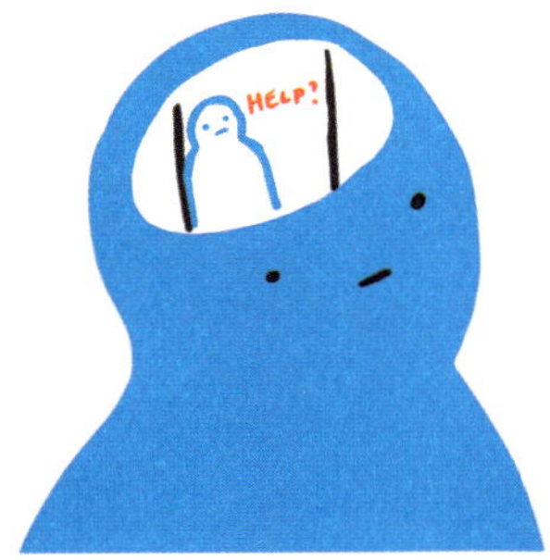

OHNE EINEN THERAPEUTEN IM FAHRSTUHL STECKEN BLEIBEN?

SALAT ZWISCHEN DEN ZÄHNEN BEI EINER TRAUERFEIER?

VON EINEM DRACHEN GE-GRILLT WERDEN?

IM FERNSEHEN VON EINEM KIND AUSGE-LACHT WERDEN?

TÖDLICHER KÄSEREIBEN-UNFALL?

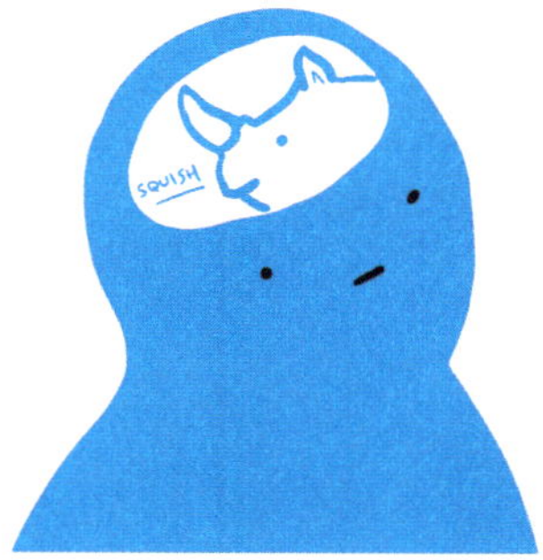

VOM NASHORN ZERTRAMPELT?

STAU, WENN DU MAL DRINGEND MUSST?

PIN-NUMMER VERGESSEN?

EINEN HALBEN WURM IM APFEL FINDEN?

KARTOFFEL-ALLERGIE?

VON EINER OMA AUSGESCHIMPFT, DIE NICHT DIE EIGENE IST?

EINEN LABRADOR ENTTÄUSCHEN?

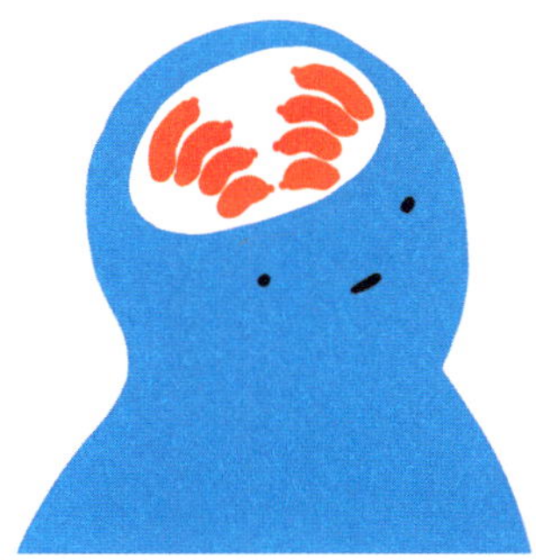

WÜRSTCHEN ANSTELLE VON FINGERN?

ICH MEINTE, WAS KANN SCHLIMMES MIT DEM BUCH PASSIEREN?
GUT, DANN MUSST DU DICH HALT SEEEEEHR VIEL PRÄZISER AUSDRÜCKEN.
DU KANNST NICHT MAL HÄNDE MALEN!
ICH HABE KEINE AHNUNG, WOVON DU REDEST!

DU BIST EIN HOCHSTAPLER.
AHA! WOHER WEISST DU, DASS ICH NICHT NUR SO TUE?
DU HAST GANZ BLÖDE IDEEN.
KANN SEIN, ABER DAFÜR HABE ICH GANZ, GANZ VIELE!

SCHAU NUR, MEINE SKIZZEN-BÜCHER!
WOW, DU HAST JA NOCH VIEL MEHR BLÖDE IDEEN, ALS ICH DACHTE.

RUM
FALSCH
BUCH
DAS
GERADE
JETZT
DU
HÄLTST
DANN
KAN-NST
LESEN
HIER
DAS
DU
WENN
FREUDE
APATHIE
TANZ-FAILS
SELBSTHASS
DINOSAURIER
DAS PATRIARCHAT
ENTTÄUSCHUNG
MISSERFOLGE
GRÜBELN
HUNDEWELPEN
BILDUNG
SELBSTBETRUG
WIDMUNGEN
ZAHNWEH
THERAPIE
GROSSE ALTE BÄUME
ZEIT
DIE BIENEN
FURCHT
DIE FREUDEN DES KOMPOSTIERENS
KNUDDELN
KUCHEN
BURN-OUT
SELBSTFINDUNG
ERINNERUNGEN
SONNENBRAND
EGOISMUS
KARTOFFEL
FLEXIBILITÄT
MUSIK
SANDWICHES
WACHSTUM
TIEFE TRAUER
WELTALL
DAS INTERNET
KÜRBISSE
LUSTIGE WOLKEN
ÄNGSTE
INSPIRATION
HINFALLEN
TRAMPOLINE
ERLEICHTERUNG
FINSTERNIS
WÜRSTCHEN

WARUM IST DAS HIER SO DICK?
ACH, DIE WIDMUNG FÜR DIESES BUCH MACHT MICH GANZ KIRRE.
HIER
DAS
DU
WENN
SELBSTBETRUG
WIDMUNGEN
SONNENBRAND
EGOISMUS
KARTOFFEL
FLEXIBILITÄT
TRAMPOLINE
ERLEICHTERUNG
FINSTERNIS
WÜRSTCHEN

IST EINE WIDMUNG NICHT MEISTENS NUR EINE ZEILE LANG?
SCHON, ABER ICH KANN MICH NICHT ENTSCHEIDEN, FÜR WEN GENAU ICH DAS BUCH MACHE. ALLE SOLLEN ES GUT FINDEN.

VERSTEH DAS JETZT BITTE NICHT FALSCH, ABER ... DU GLAUBST NICHT ERNSTHAFT, DASS IRGENDJEMAND EIN BUCH VON DIR LESEN MÖCHTE?
NA JA, HOFFNUNG MEINTE ...
HOFFNUNG IST EIN SCHLECHTER RATGEBER.

SCHAUEN WIR UNS DAS HIER MAL AN.

MUTIGE SORGENMACHER

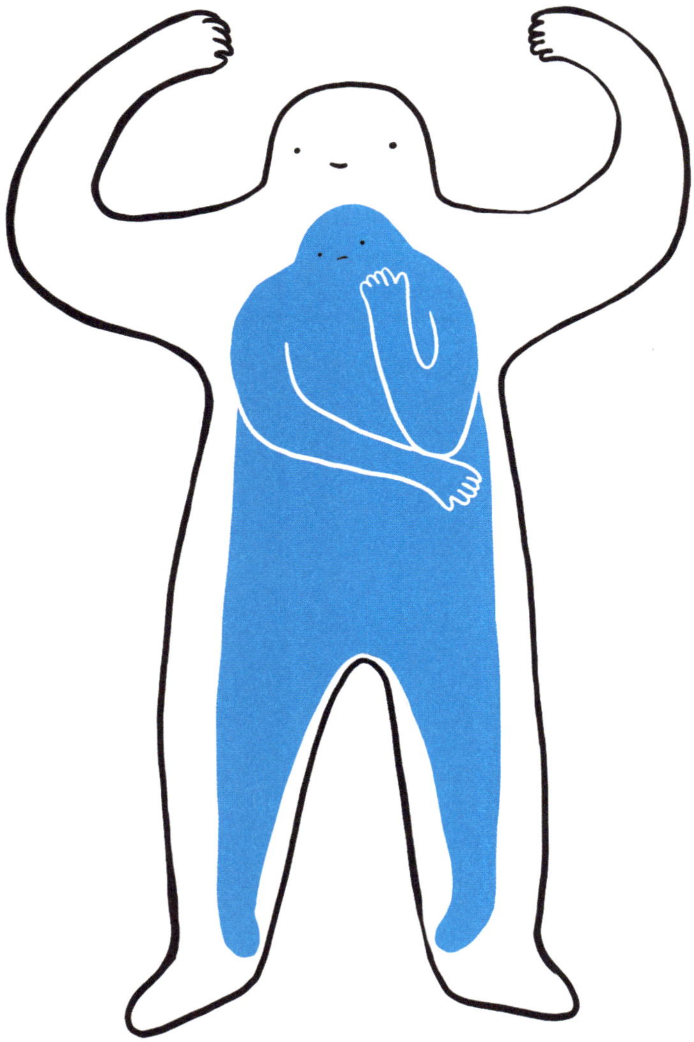

DIESES BUCH IST FÜR EUCH

ALLE DIE

VIELES FÜHLEN

DIESES BUCH IST FÜR EUCH

ALLE, DIE GERNE LESEN

DIESES BUCH IST FÜR EUCH

ALLE
DIE
SICH
IN
BÜCHERN
VERLIEREN
KÖNNEN
DIESES BUCH IST FÜR EUCH

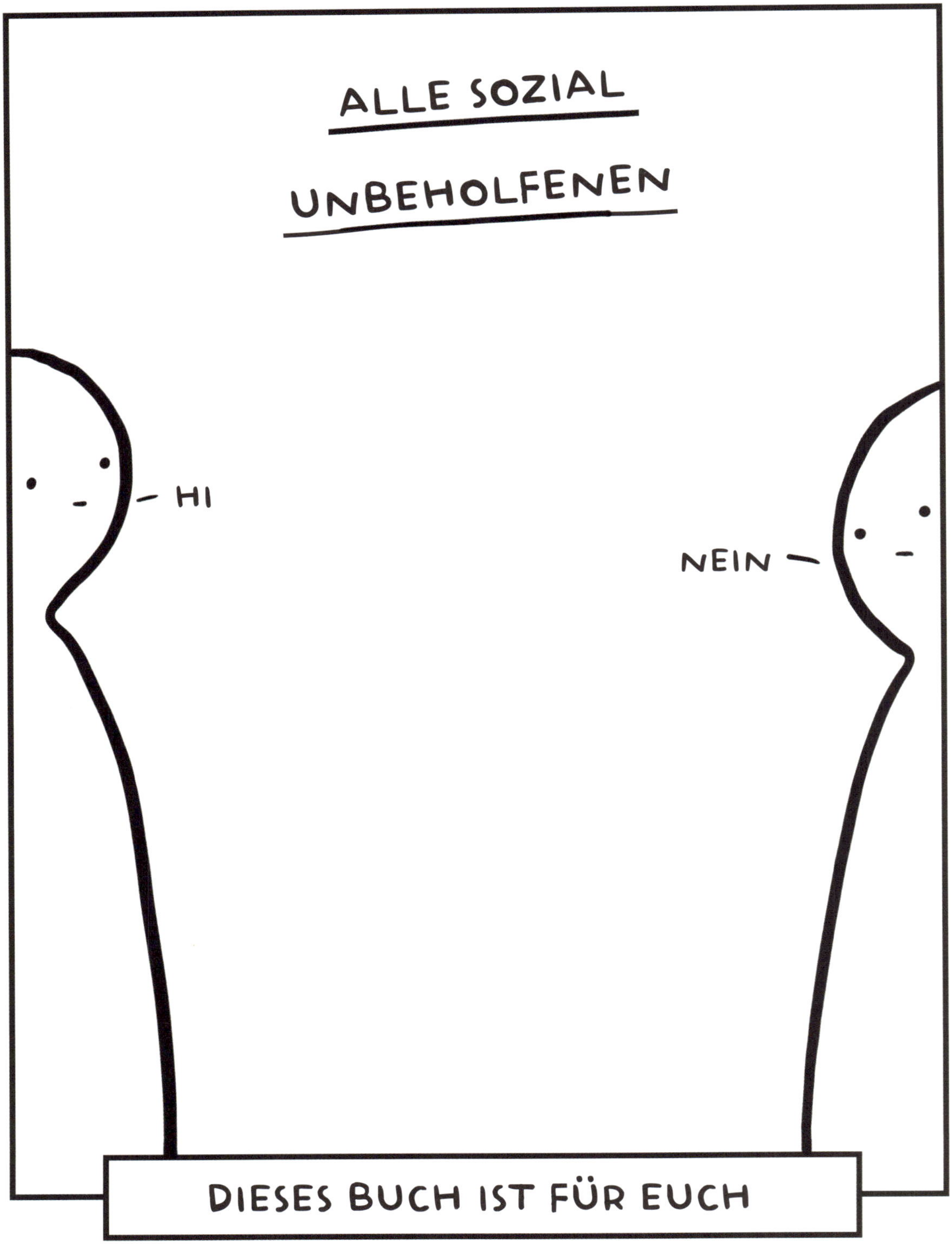
ALLE SOZIAL
UNBEHOLFENEN
HI
NEIN
DIESES BUCH IST FÜR EUCH

DIESES BUCH IST FÜR EUCH

ALLE MIT SCHWEREM HERZEN

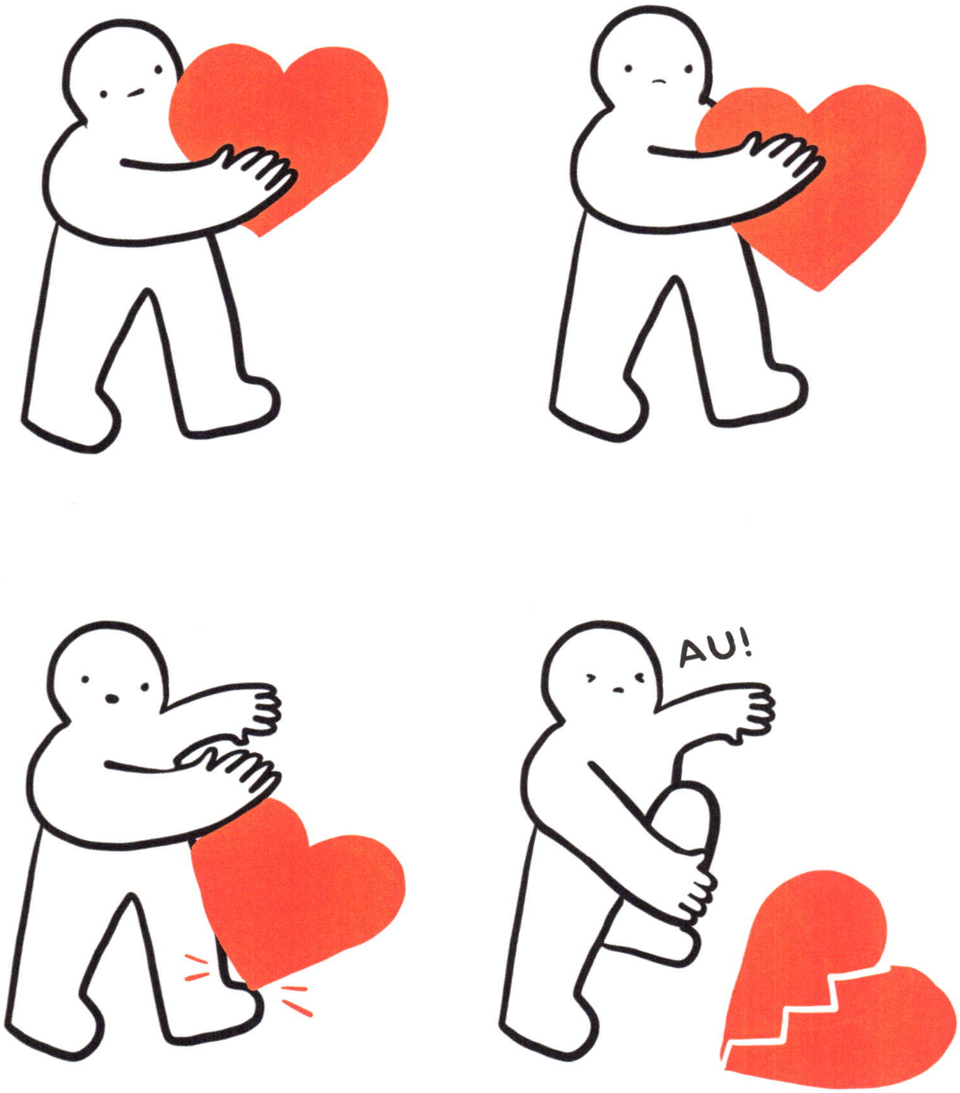

DIESES BUCH IST FÜR EUCH

ALLE MIT FLAUSEN IM KOPF

DIESES BUCH IST FÜR EUCH

ALLE, DIE BÜCHER KAUFEN, ABER NIE WELCHE LESEN

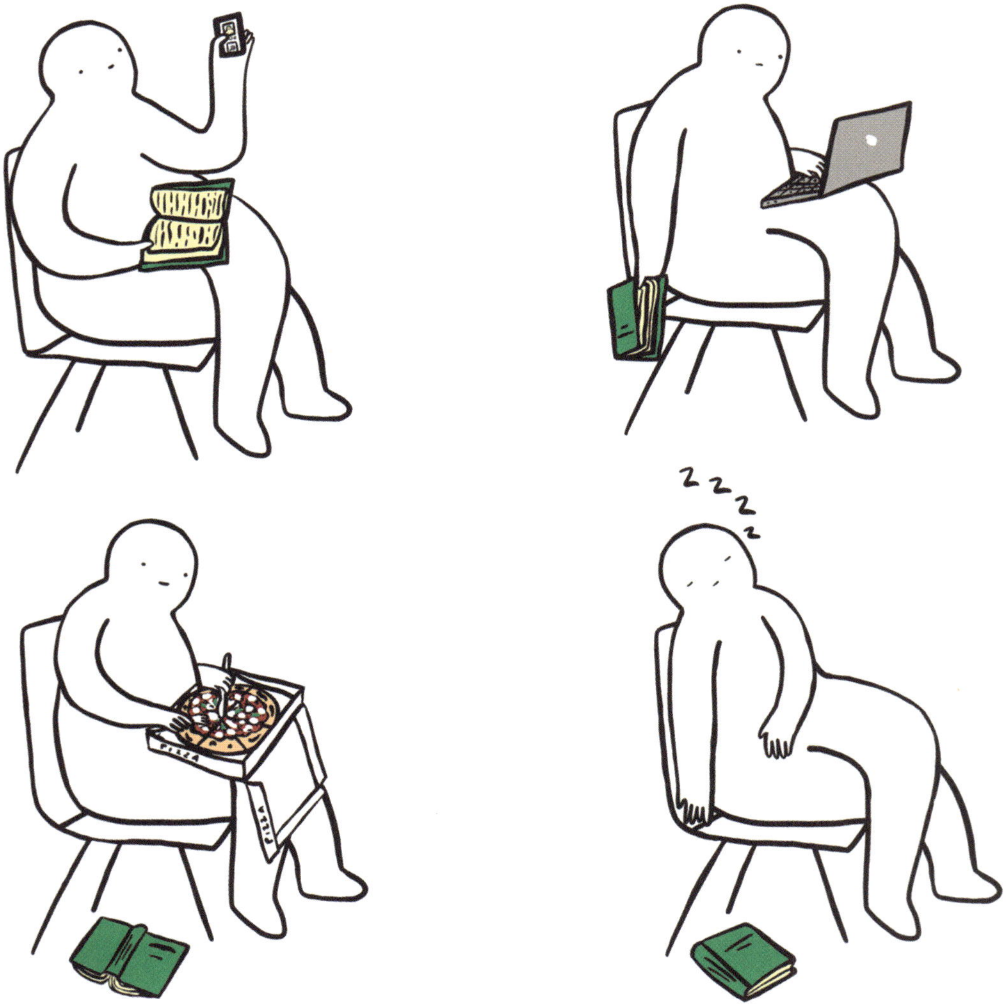

DIESES BUCH IST FÜR EUCH

ALLE, DIE BÜCHER LESEN, ABER NIE WELCHE KAUFEN
HAHA!
ENTSCHULDIGUNG ... KENNEN WIR UNS?
DIESES BUCH IST FÜR EUCH

HAST DU AUCH KONSTRUKTIVE KRITIK FÜR MICH?
NEIN, ABER WIE WÄR'S MIT DESTRUKTIVER KRITIK? DAS IST MEINE SPEZIALITÄT!
ICH VERMISSE HOFFNUNG.
ABER DU HAST DOCH MICH! HOFFNUNG UND ICH SIND GAR NICHT SO VERSCHIEDEN.

DU MACHST WITZE, ODER? DU BIST DAS KOMPLETTE GEGENTEIL VON HOFFNUNG!
WIR SIND NICHT IMMER EINER MEINUNG UND HABEN UNTER-SCHIEDLICHE METHODEN, ABER WIR WOLLEN BEIDE NUR DEIN BESTES.
ICH WILL NICHT, DASS MAN DIR WEHTUT. HOFFNUNG HAT DICH SCHON SO OFT ENTTÄUSCHT.

BÜCHER ZU MACHEN IST SCHWIERIG, SOGAR FÜR GANZ KLUGE LEUTE. ÜBERLEG DOCH MAL, WIE SCHWER ES FÜR DICH SEIN MUSS!
WILLST DU MEINEN RAT?
NEIN, DANKE.
„ES ZU VERSUCHEN IST DER ERSTE SCHRITT ZUM SCHEITERN."

DAS IST DER SCHLIMMSTE RATSCHLAG, DEN ICH JE BEKOMMEN HABE. AUS DEM WEG, SORGE! ICH WERDE HOFFNUNG FINDEN UND MEIN BUCH MACHEN.
ACH JA? DANN MUSST DU ERST AN MIR VORBEI.

SORGE, ICH WARNE DICH. ZUR SEITE ODER ICH MACHE ENTSPANNENDE ATEMÜBUNGEN UND KOCHE MIR EINEN SCHÖNEN TEE.
WAG. ES. NICHT.

HA!
HUCH?
COOKIES

HIIIIA
RUNTER
VON
MIR!
COOKIES

GRRRRR
AU!
COOKIES
UUUU!
COOKIES

STEH AUF, SORGE! ICH HASSE ES, MIT MEINEN GEFÜHLEN ZU RINGEN.
NA GUT. ABER ICH LASS DICH NICHT ALLEIN, WENN DU NACH HOFFNUNG SUCHST.
COOKIES

ICH TRAGE DEINE SACHEN. ICH ZEIGE DIR DEN WEG. ICH -
HER MIT DEN KEKSEN.
WELCHE KEKSE?
HER MIT DEN KEKSEN ODER ICH LASSE MIR EINE BADE-WANNE EIN, ZÜNDE EINE KERZE AN UND LAUSCHE REGEN-WALDKLÄNGEN.
COOKIES

SEUFZ NA GUT. UNTER ZWEI BEDINGUNGEN: 1. ICH HELFE DIR NACH HOFFNUNG ZU SUCHEN.
COOKIES

2. ICH HELFE DIR BEI DEINEM BUCH. NACH DEM, WAS ICH BISHER GESEHEN HABE, HAST DU HILFE BITTER NÖTIG.
COOKIES

ZEICHNUNGEN ÜBER
GEDANKEN

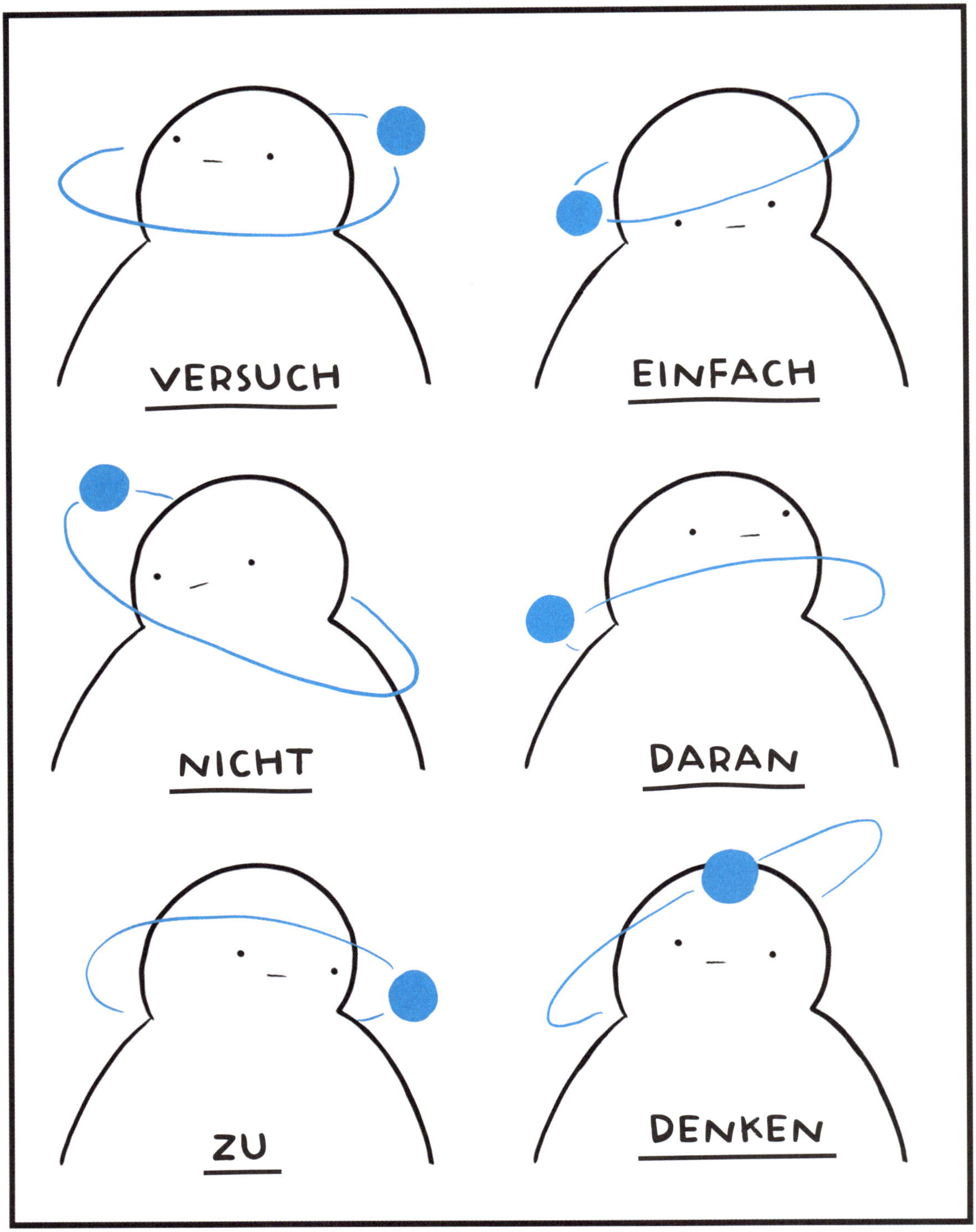

KLAPPT LEIDER NICHT.

IM IRRGARTEN MEINER GEDANKEN

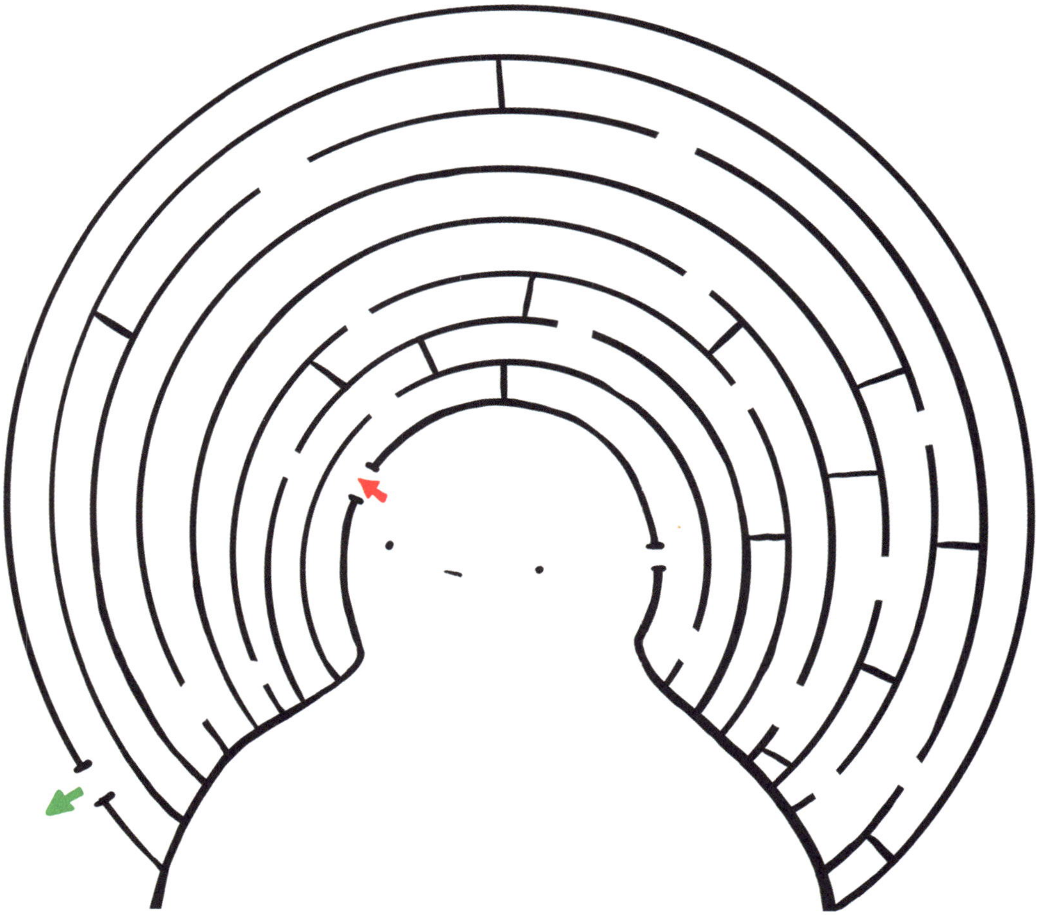

KLEINES SPIEL FÜR ZUHAUSE.

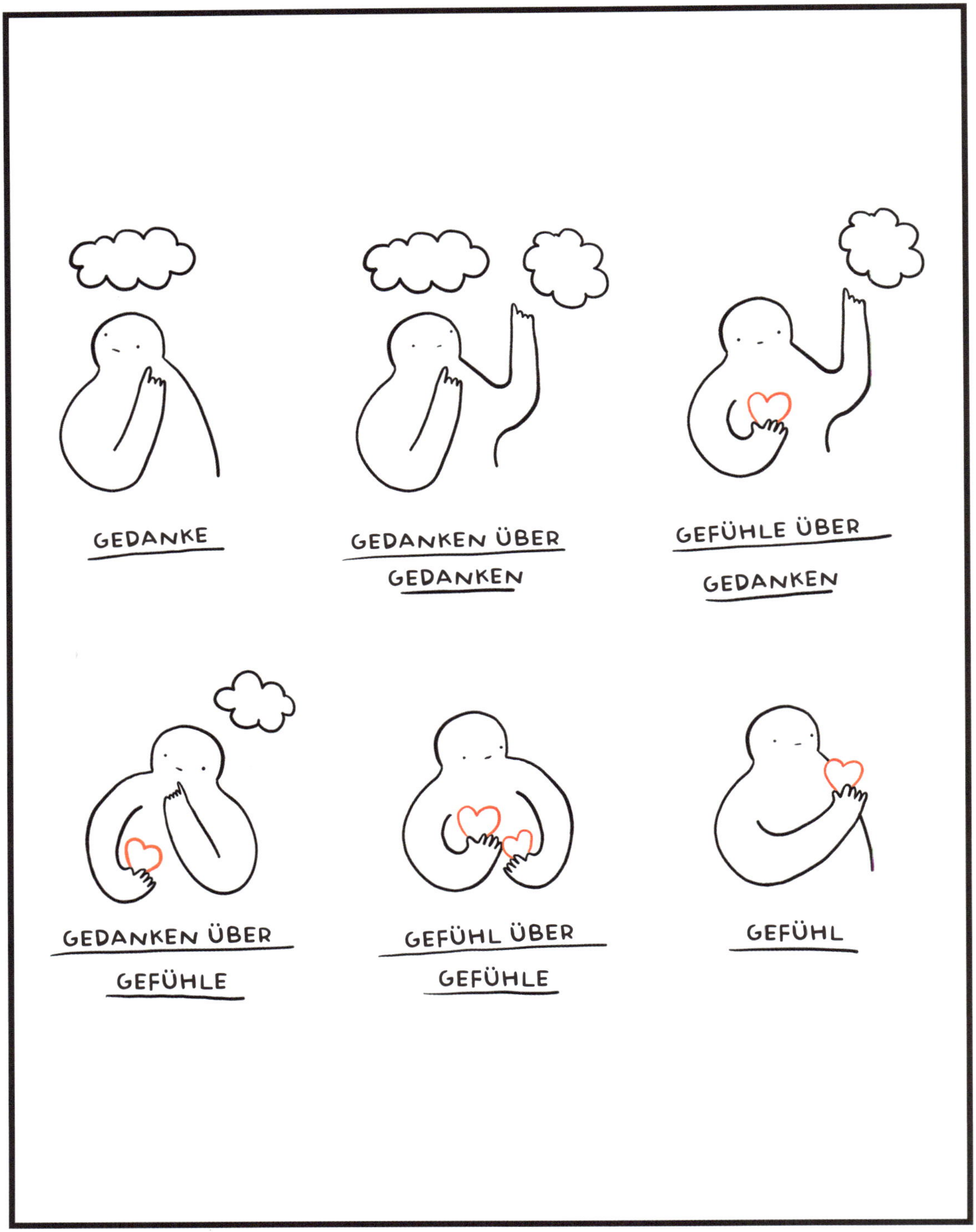

GEDANKEN UND GEFÜHLE VERARBEITEN.

UND SO WEITER.

HEUTE NICHT, DUNKLE GEDANKEN!
HEUTE NICHT, SELBSTZWEIFEL!
HEUTE NICHT, STATT-MEINER-EIGENTLICHEN-AUFGABEN-VIELE-SINNLOSE-DINGE-TUN-DIE-MICH-DAVON-ABLENKEN-DASS-MEIN-LEBEN-GANZ-DURCHEINANDER-IST!

HEUTE NICHT.

PSYCHISCHE GESUNDHEIT.

... UND DAS BESTE VON HEUTE.

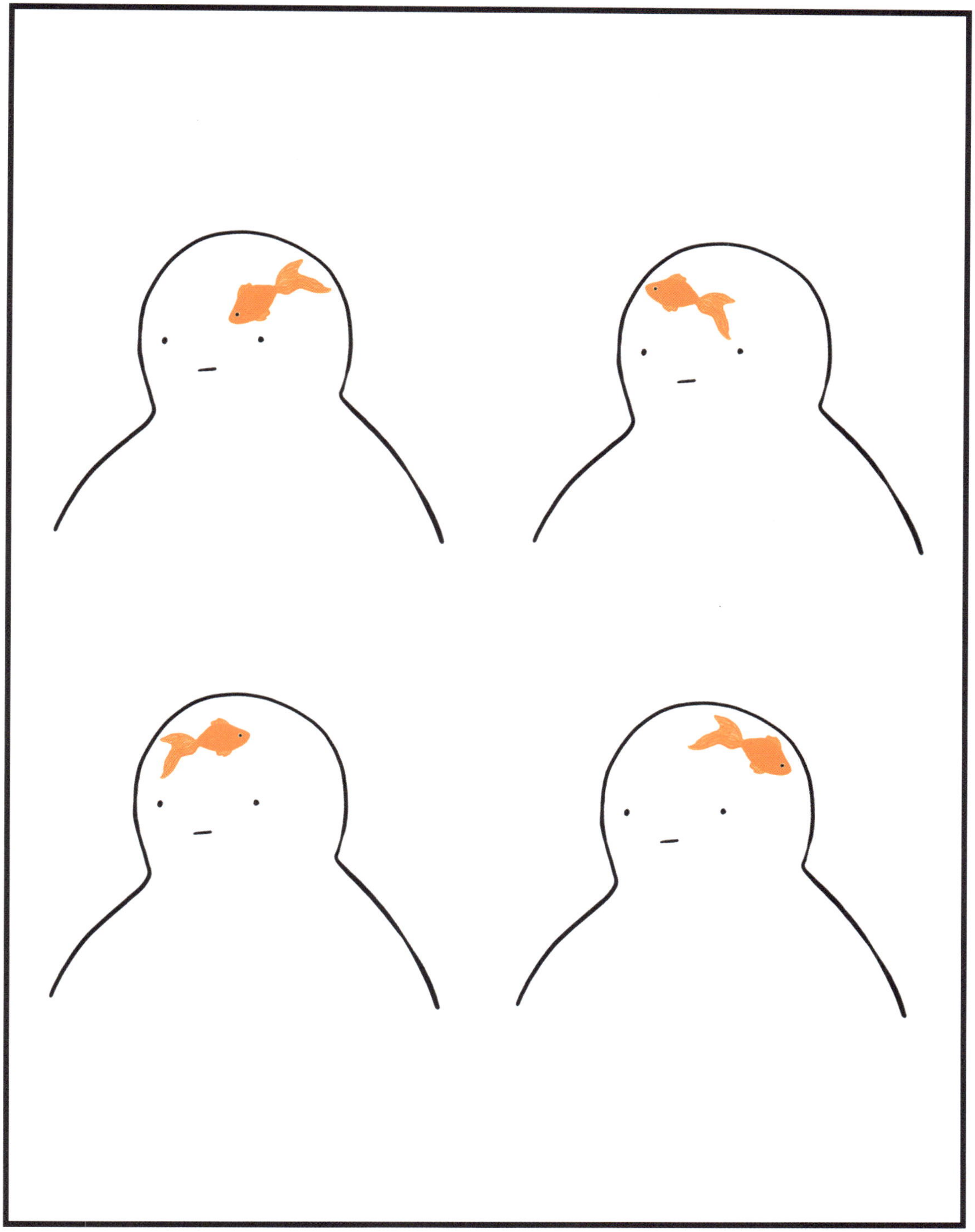

ES GEHT SCHON WIEDER LOS.

GEHEIME ZUTAT.

MENTALER BALLAST.

VERSUCHE, DIE DUNKLEN GEDANKEN AUS DEM KOPF ZU KRIEGEN

SAUCE À LA FRUSTRATION.

BRAUCHE MEHR PLATZ IM KOPF.

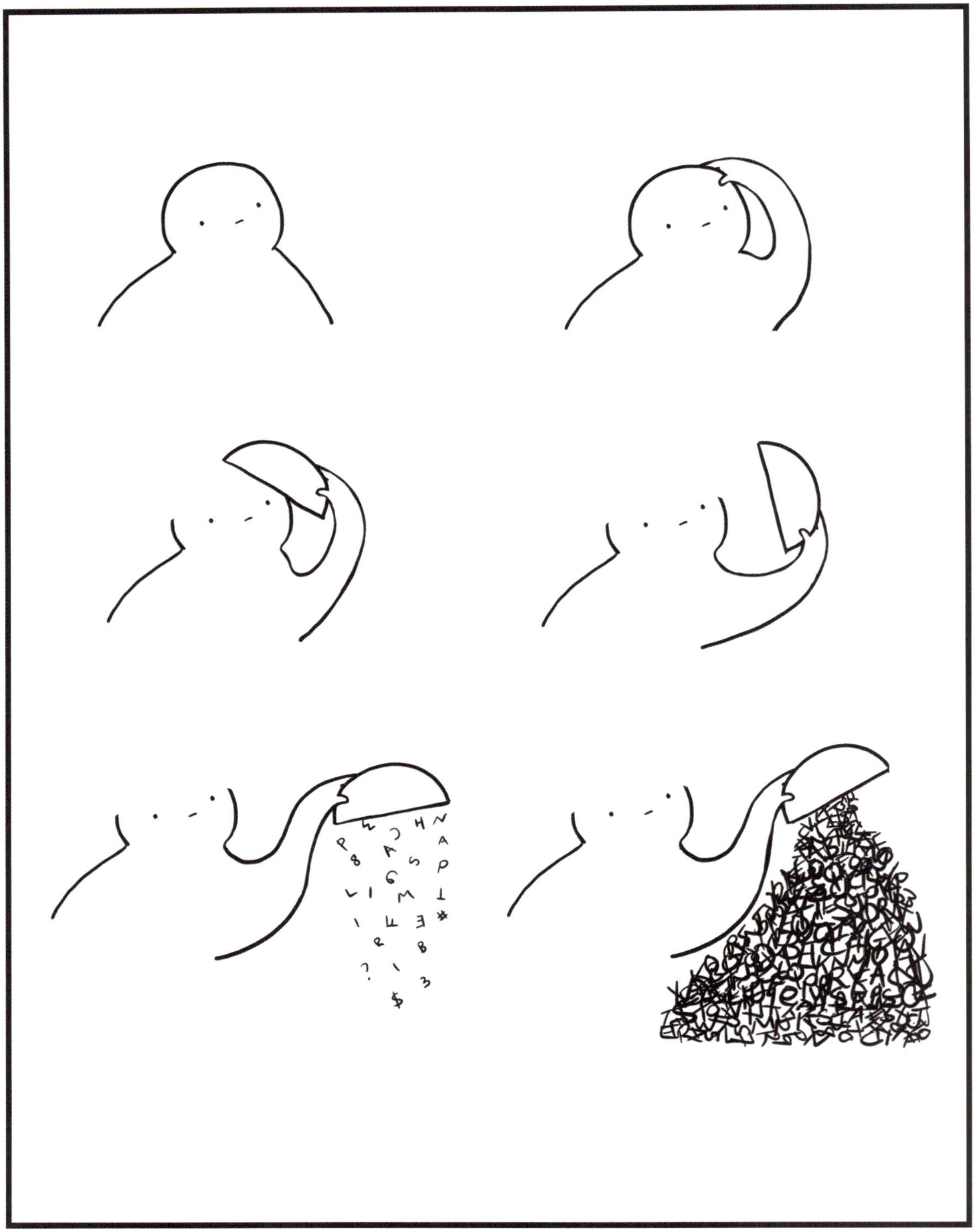

KOPF VOLL.

SELBSTAUFMUNTERUNG.

NEUES AUS DER TIEFSEE.

GEDANKEN LASSEN SICH NICHT GERNE FESTHALTEN.

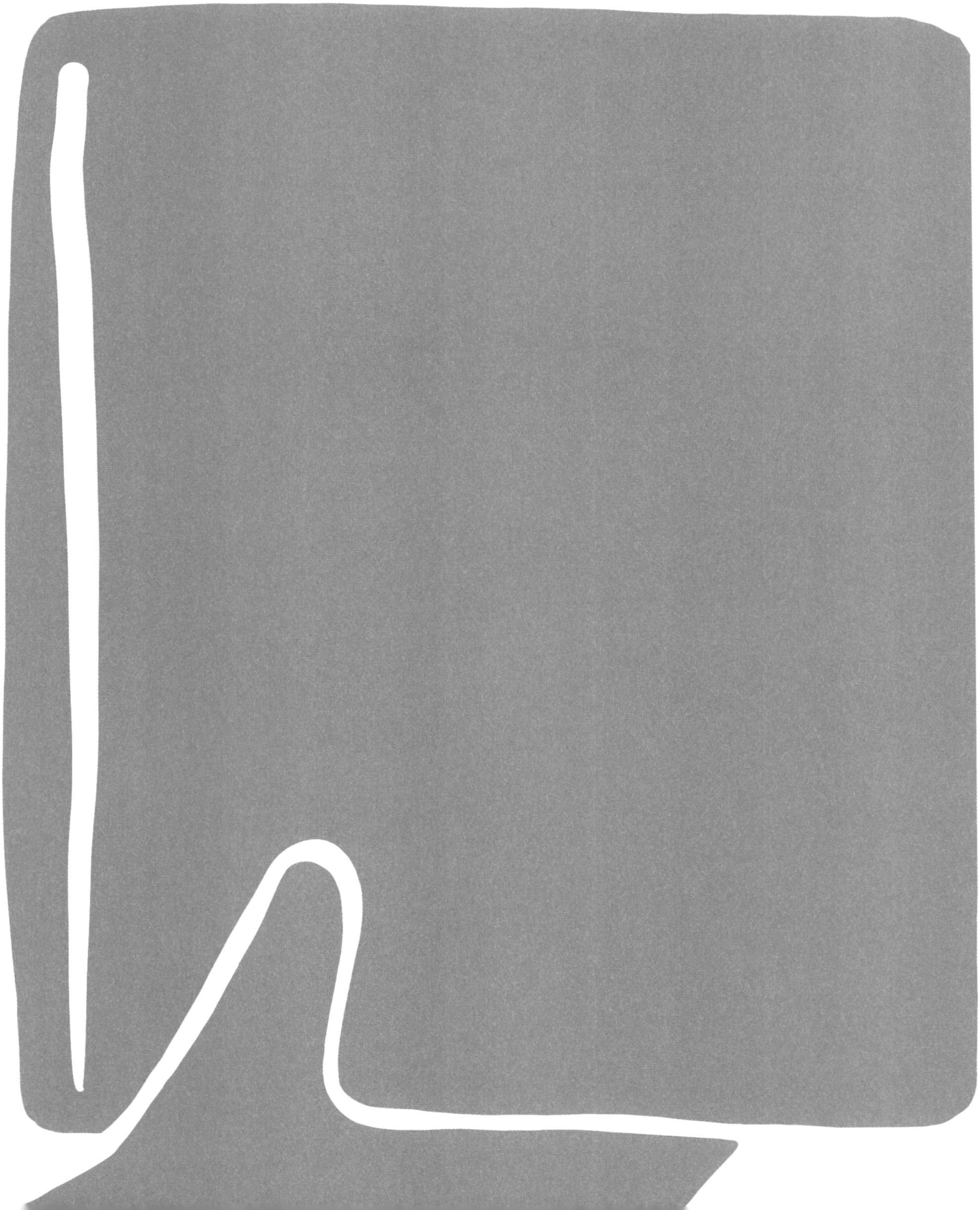

OK! FERTIG! DANKE FÜRS TRAGEN - BEIM GEHEN ZU LESEN IST ECHT NICHT EINFACH.
GRMPF.

EINIGES VON DEM GEKRITZEL WAR GANZ OKAY. ABER ICH NEHME AN, FÜR DIE VERÖFFENTLICHUNG LÄSST DU DAS VON EINEM PROFESSIONELLEN GRAFIKER NEU ZEICHNEN?

NOCH EIN TIPP: WIR BRAUCHEN EINE RAHMENHANDLUNG FÜR DEINE ... „KUNST" ODER WIE DU DAS NENNST.
GIB MAL DAS ROTE.

ZEICHNUNGEN ÜBER
GEFÜHLE

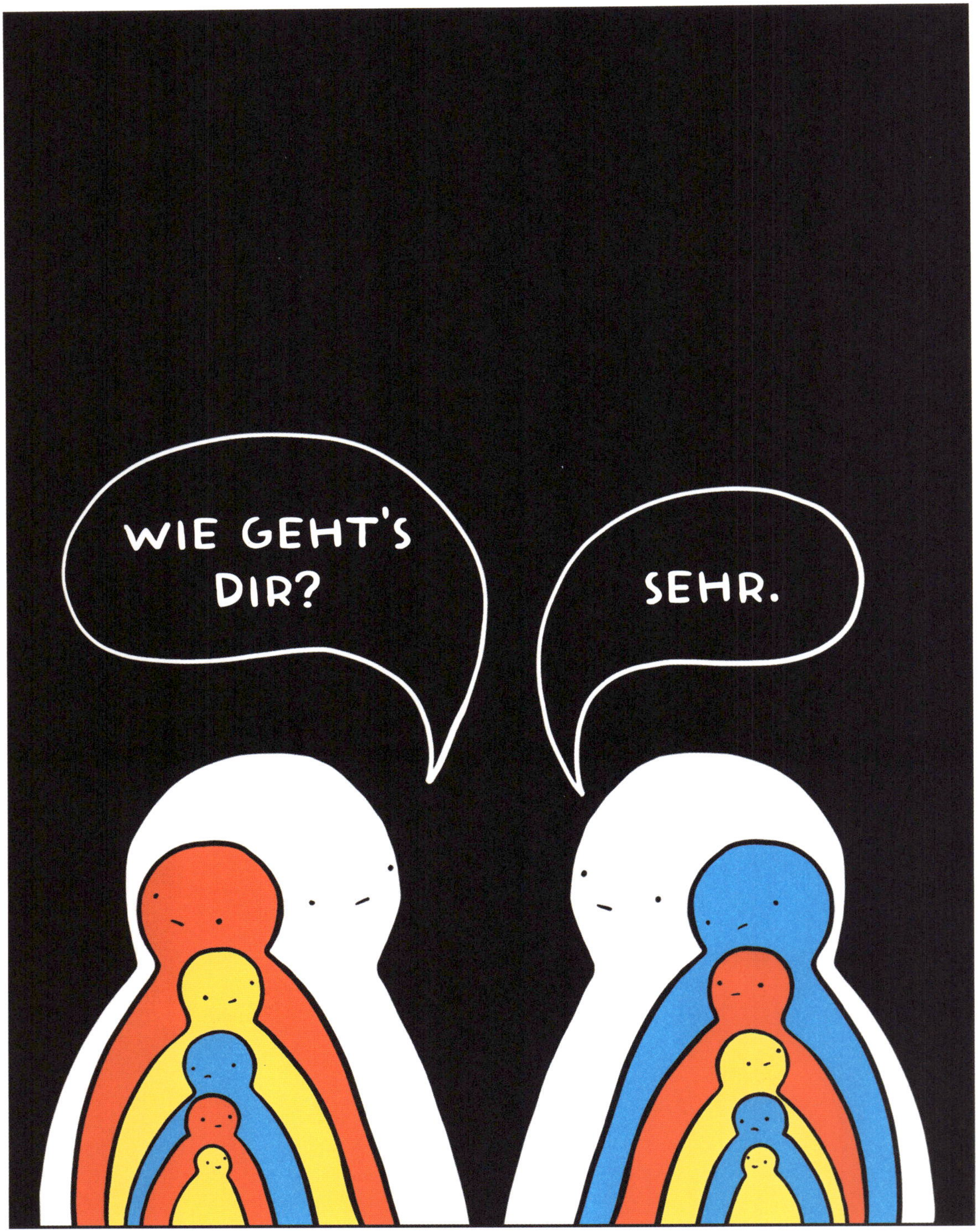

UND OFT.

HOUSTON, WIR HABEN EIN PROBLEM.

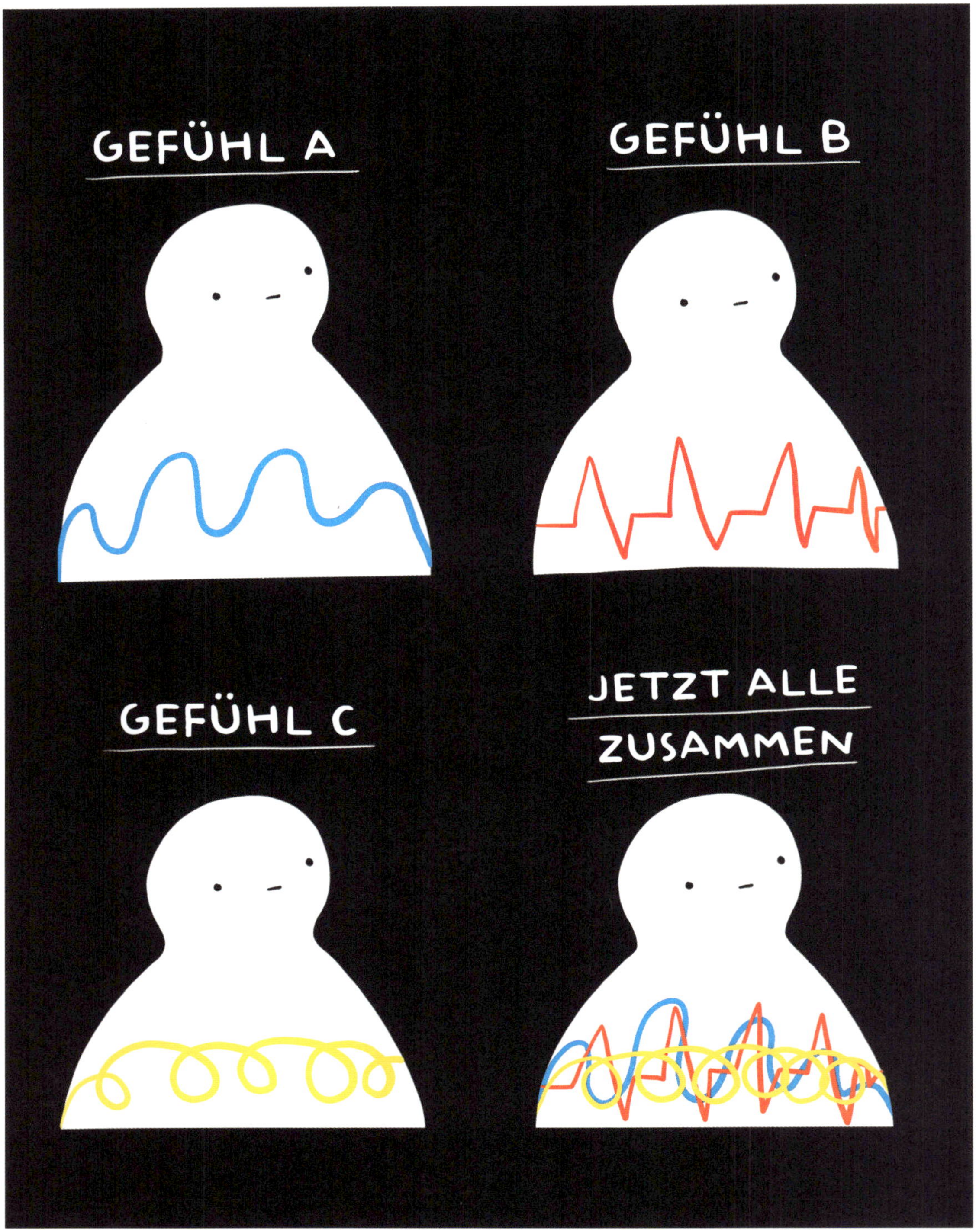

SYMPHONIE.

#NATOLL

METAPHERN FÜR GLÜCK

DIE STERNE STEHEN GÜNSTIG

ICH BIN AUF WOLKE 7

DIE WELT GEHÖRT MIR

ICH UMARME EINE RIESIGE KARTOFFEL

EINE HABE ICH MIR AUSGEDACHT.

TUNNELBLICK.

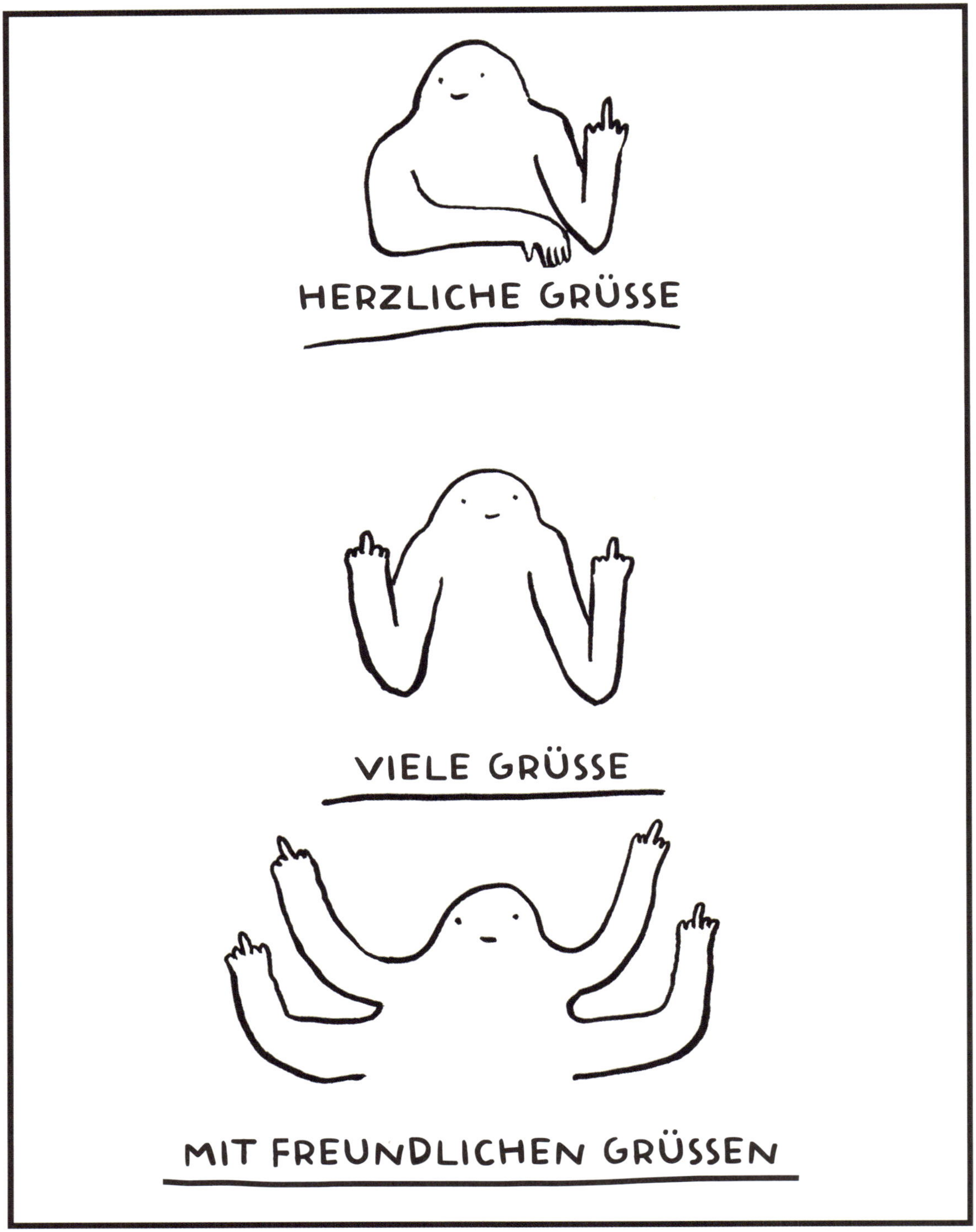

ICH FREUE MICH DARAUF, VON IHNEN ZU HÖREN.

WENN SCHON, DENN SCHON.

VÖLLEGEFÜHL.

HEISSER TIPP.

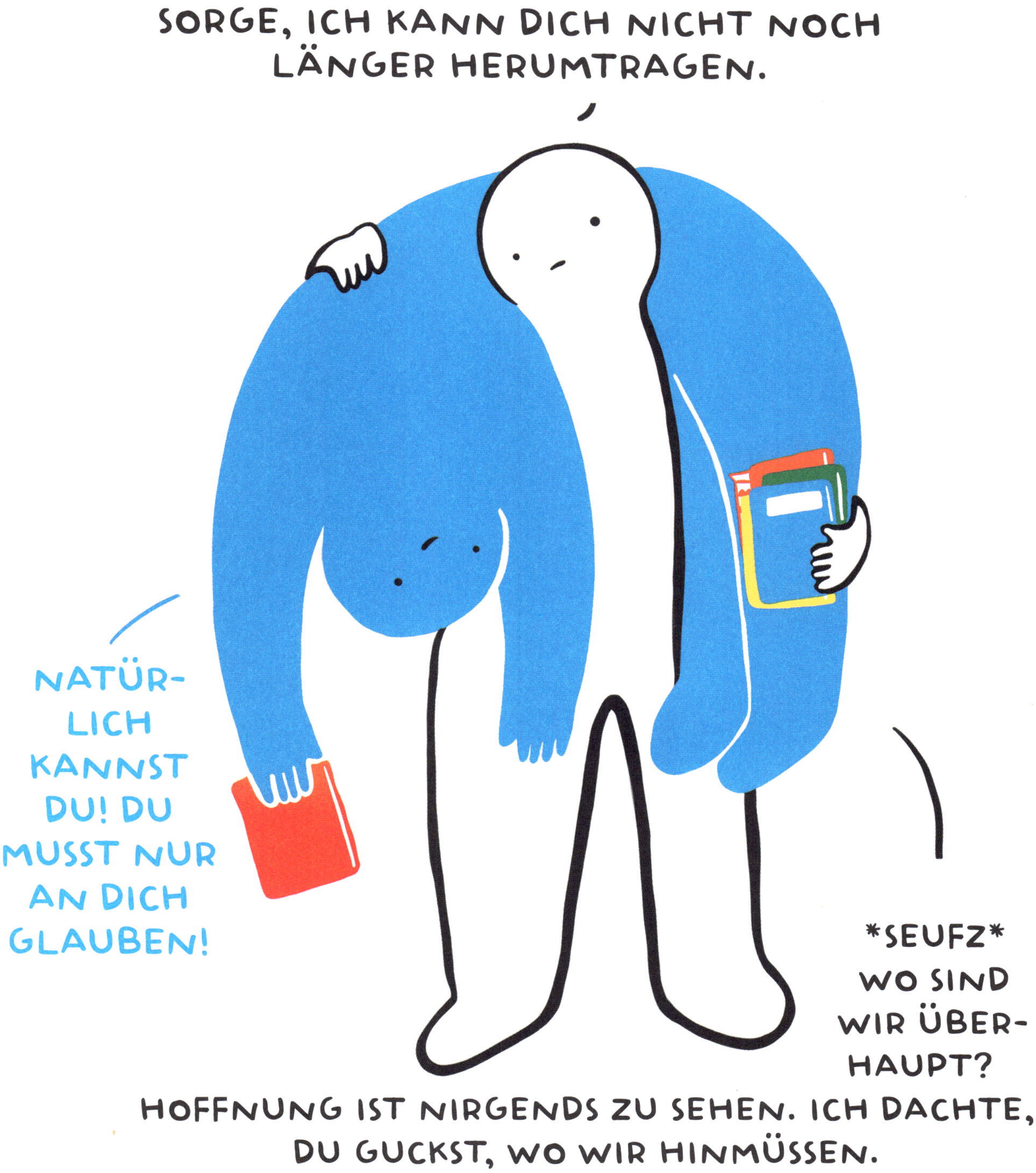
SORGE, ICH KANN DICH NICHT NOCH LÄNGER HERUMTRAGEN.
NATÜRLICH KANNST DU! DU MUSST NUR AN DICH GLAUBEN!
SEUFZ WO SIND WIR ÜBERHAUPT?
HOFFNUNG IST NIRGENDS ZU SEHEN. ICH DACHTE, DU GUCKST, WO WIR HINMÜSSEN.

OKAY, LASS MAL SCHAUEN ...
WENN DA UNSER ZIEL IST

UND WIR HIER ENTLANG MÜSSEN,
DANN HABEN WIR UNS ...
OFFENBAR
HOFFNUNGSLOS
VERLAUFEN

WEISST DU WAS, SORGE? ICH HAB GENUG VON DIR.
HEY! HEY! HEY! WAS HABE ICH DENN GETAN?

ICH BRAUCHE JETZT ZEIT MIT MIR ALLEIN.
DU MEINST WOHL ZEIT ALLEIN MIT MIIIIR?

UI! NOCH EIN BLAUES BUCH?
GIB DAS HER!
DAS IST PRIVAT!

IST DAS ÜBER ... MICH?

DER PREIS GEHT AN ...
MEINE LÄHMENDE ANGST!
DANKE! DANKE!
ICH DANKE DEN NACHRICHTEN, DEN FINANZIELLEN NÖTEN UND NATÜRLICH MEINEN ELTERN.

DANKESREDE.

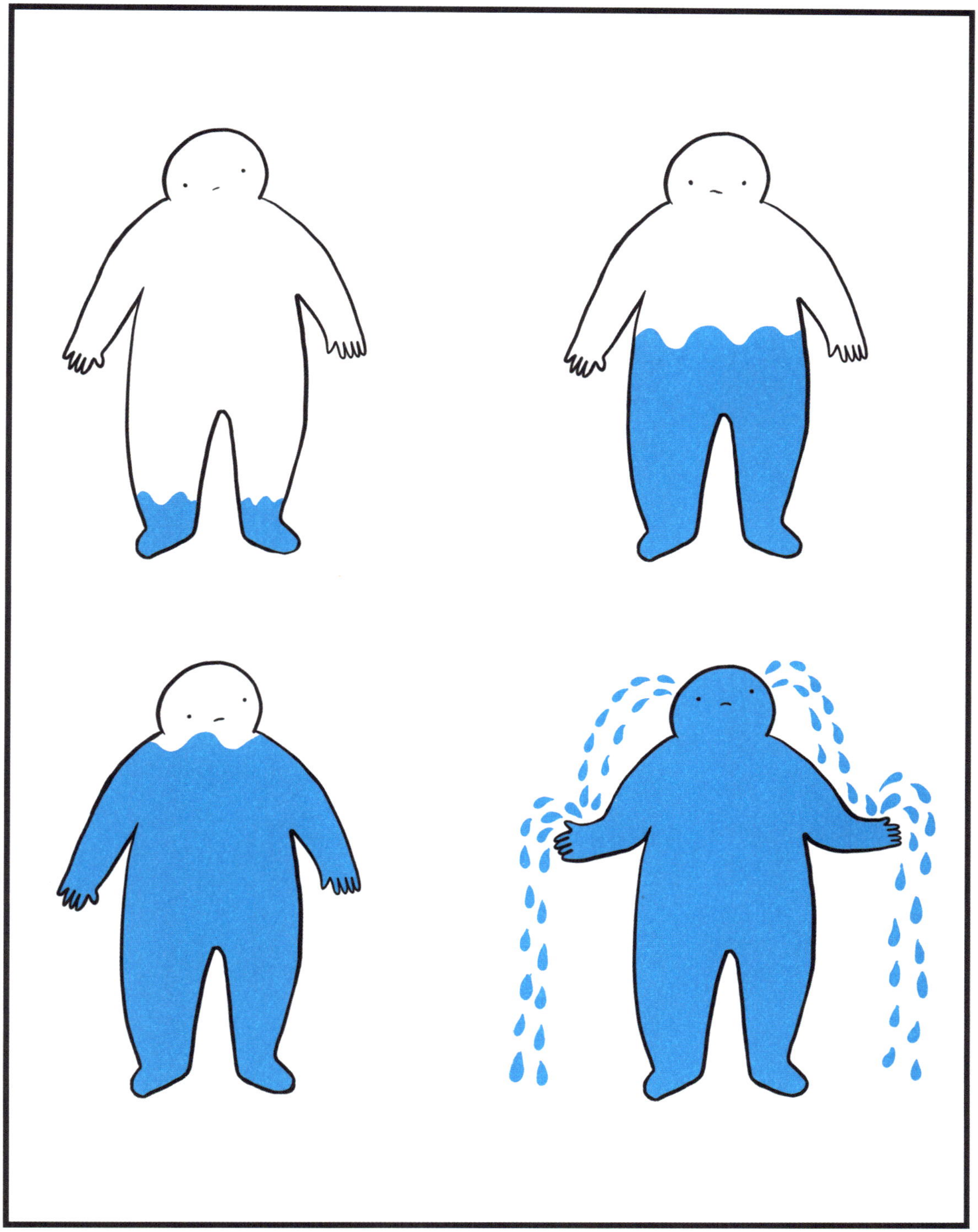

WENN DIE FLUT KOMMT.

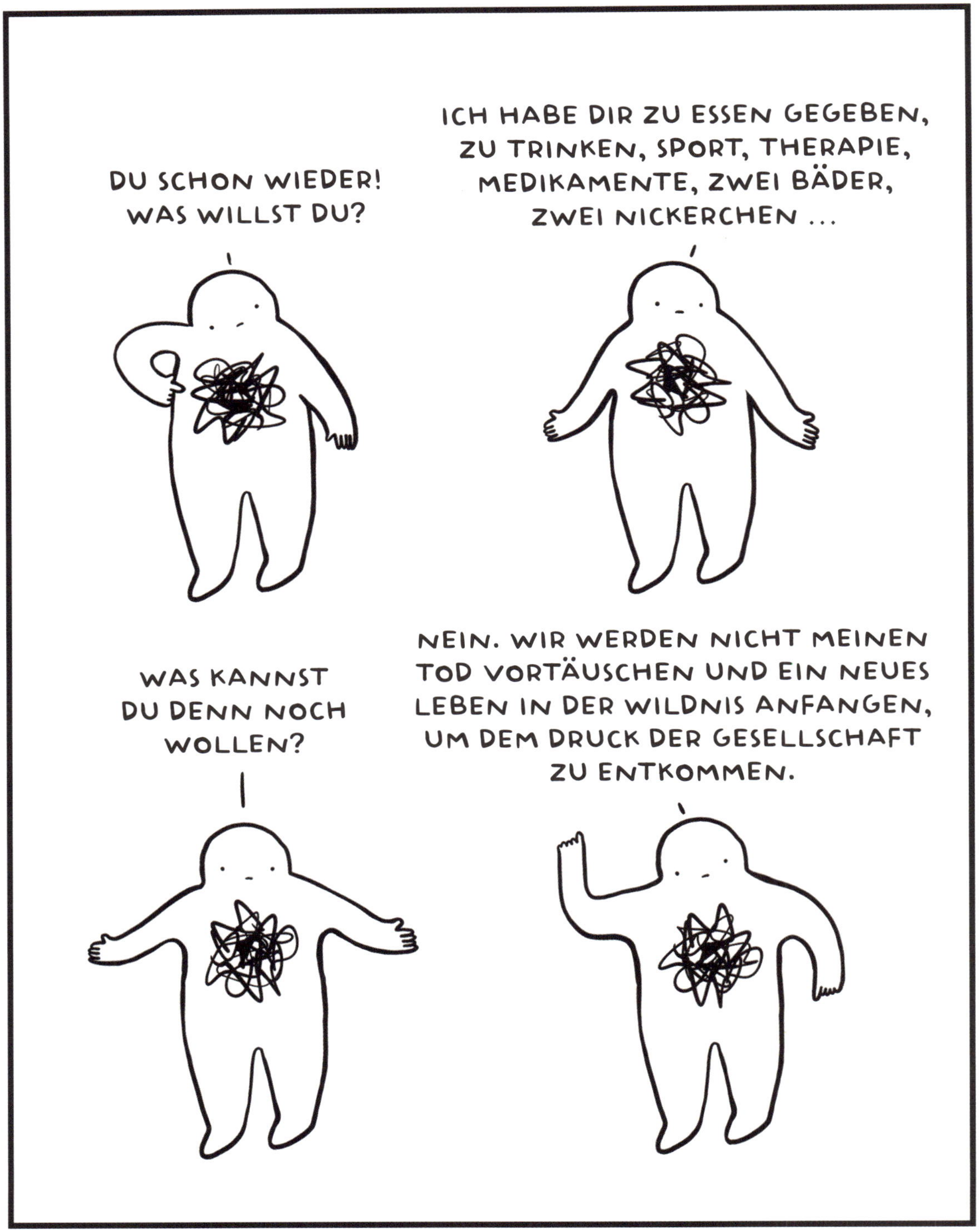

SO SEHR WIR DAS VIELLEICHT AUCH MÖCHTEN.

DER WEG NACH OBEN.

GUTEN MORGEN!

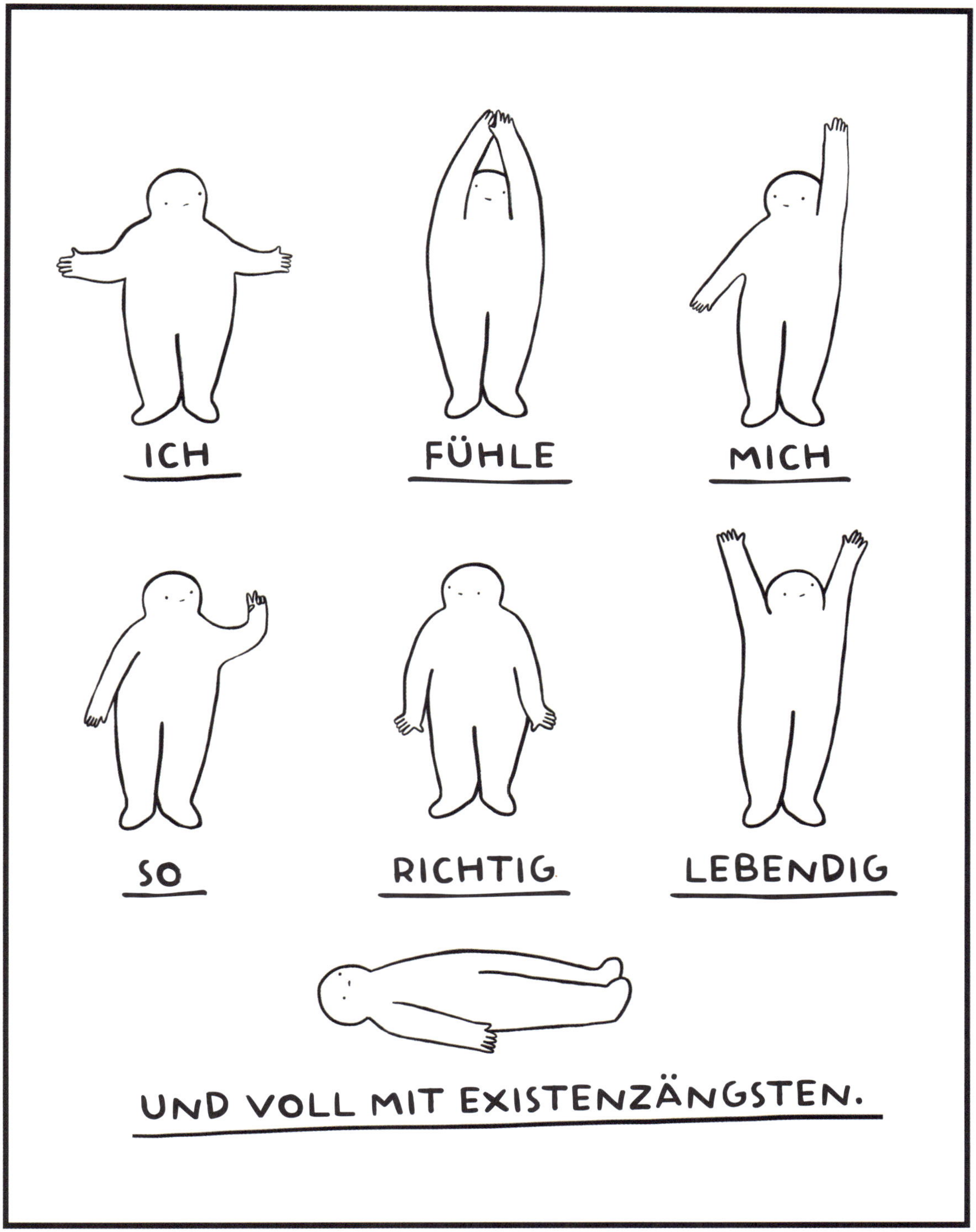

IM HIER UND JETZT.

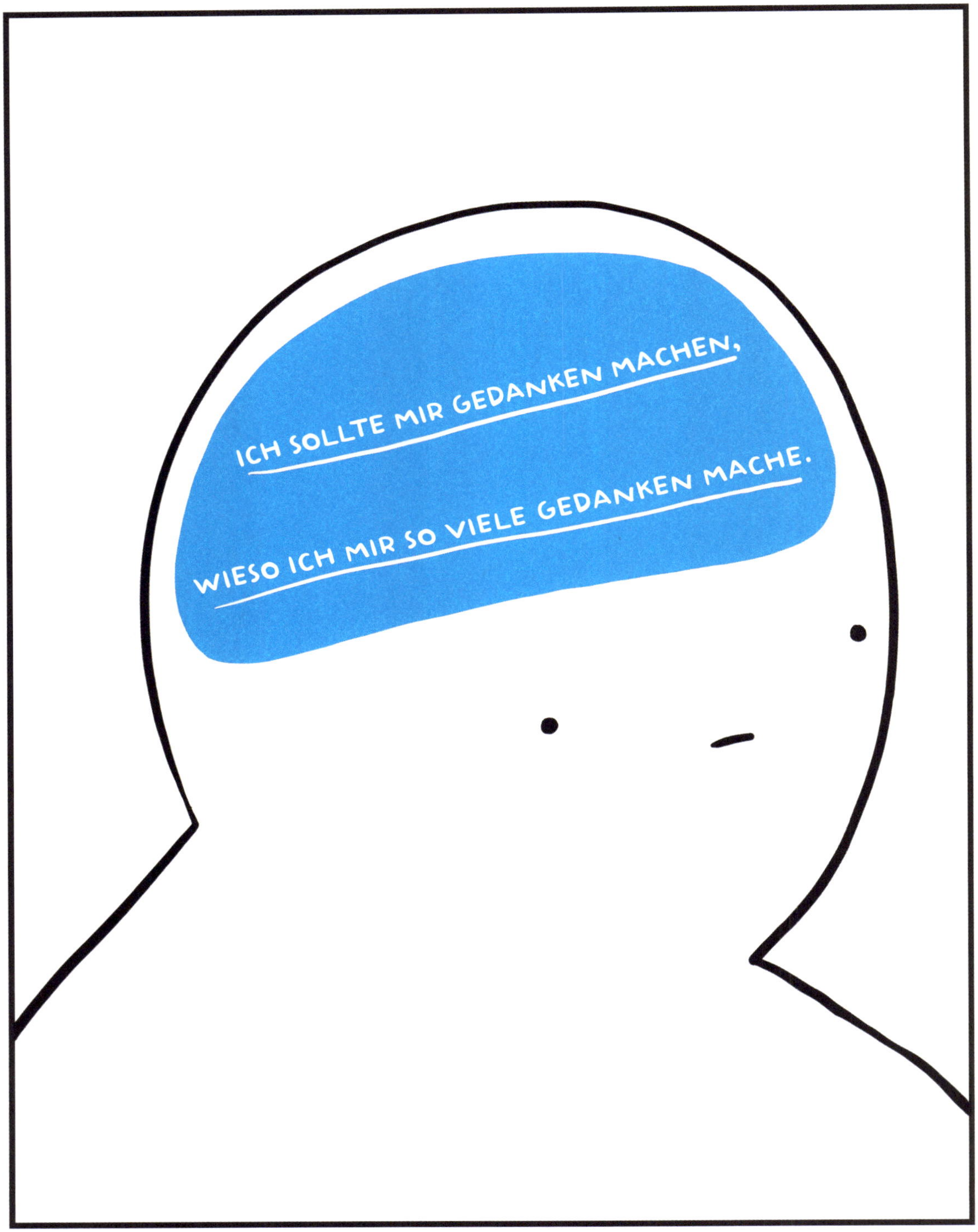

NUR SO EIN GEDANKE.

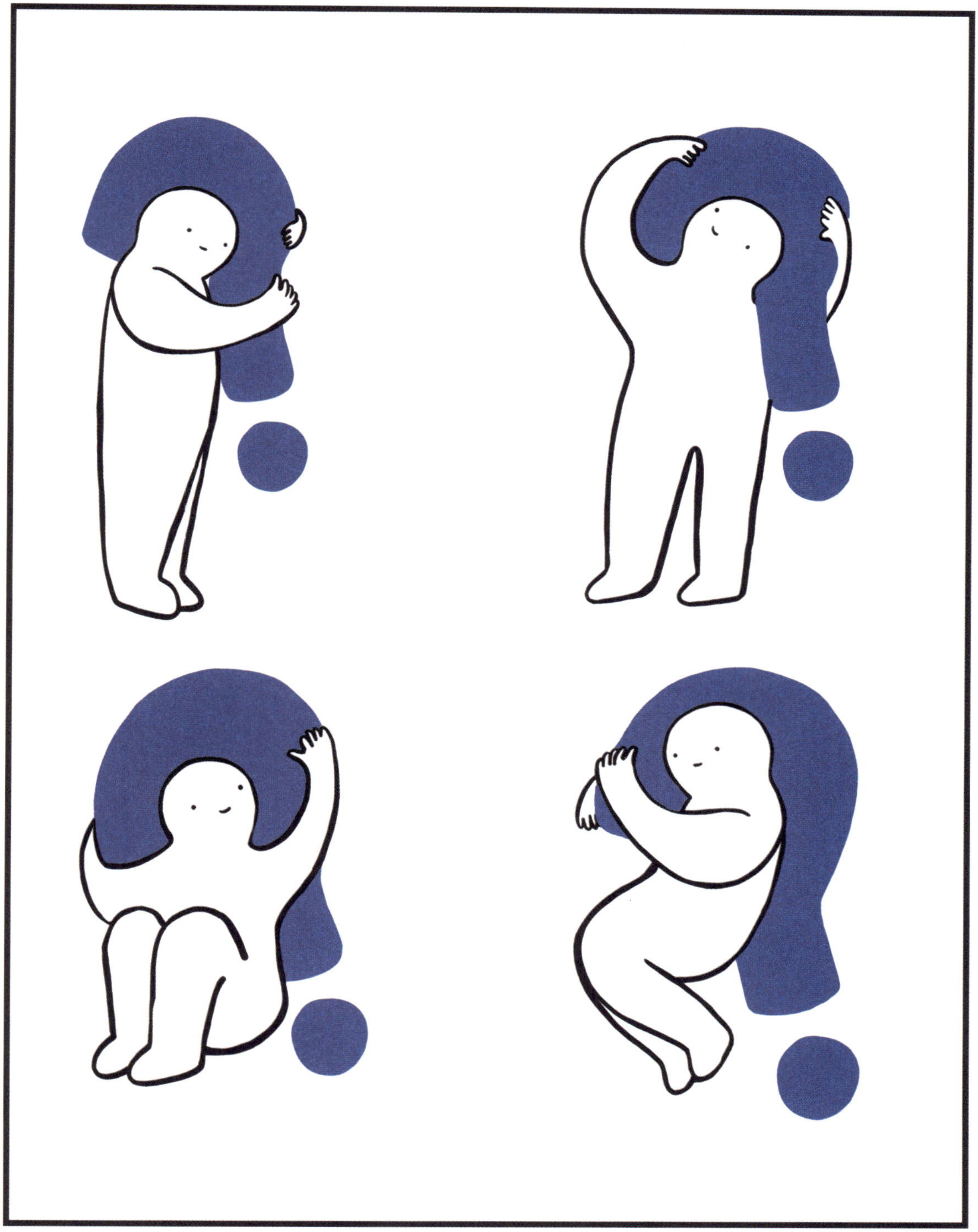

UNGEWISSHEIT KANN GANZ KUSCHELIG SEIN.

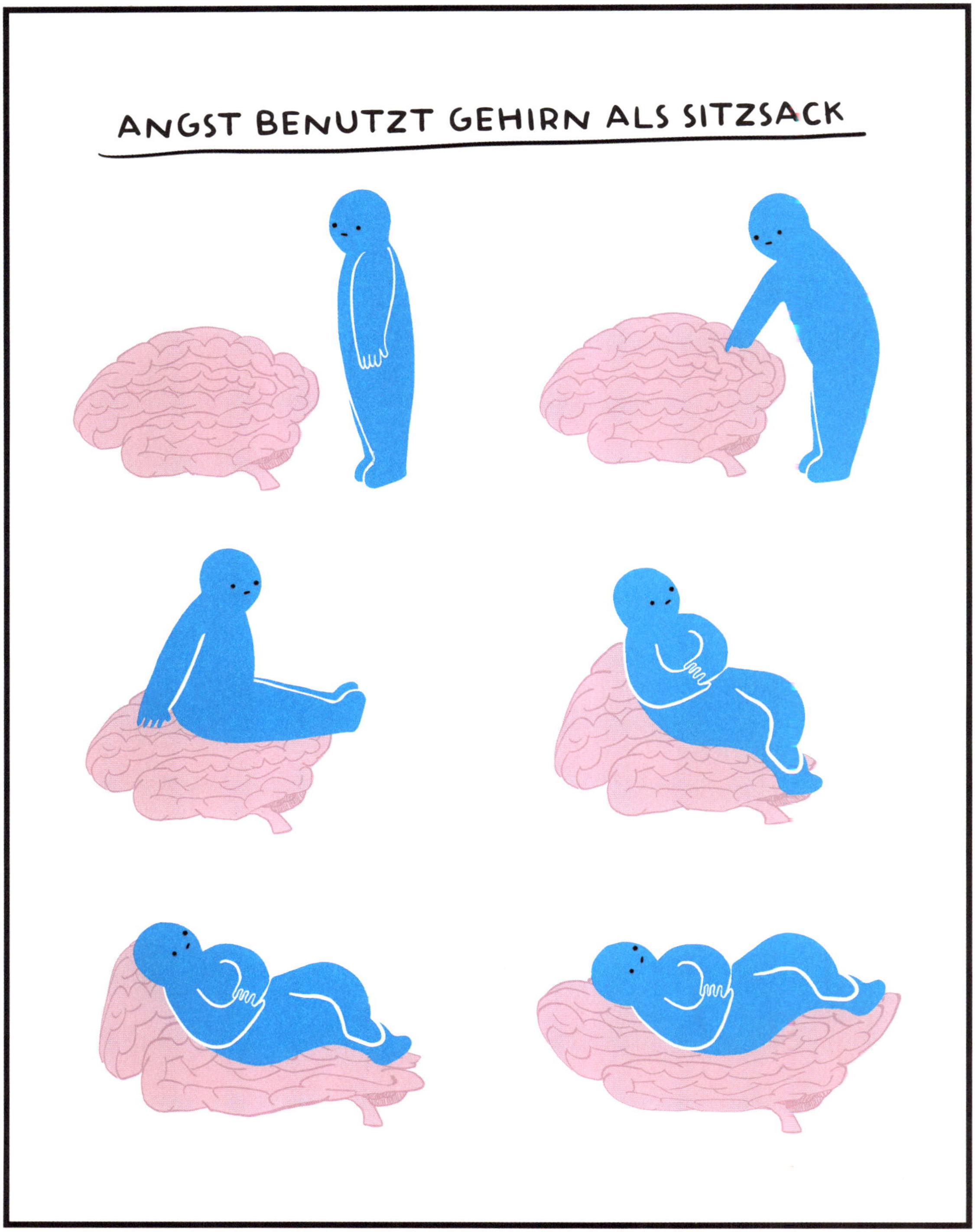

UND KOMMT NICHT WIEDER HOCH.

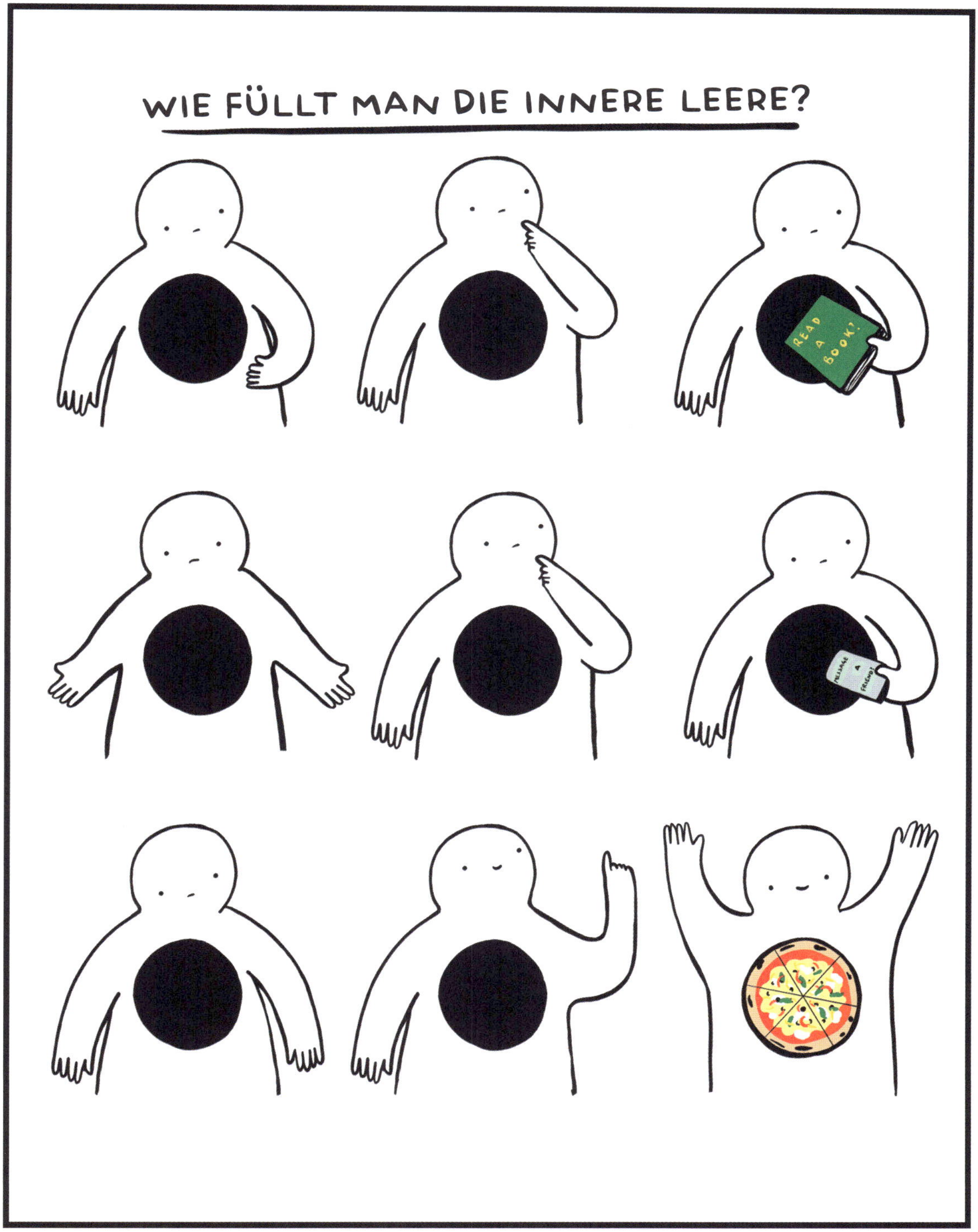

PASST.

VIER OPTIONEN.

AUF HOHER SEE.

ICH SAGTE, GIB ES ZURÜCK!

KRASS! DU BIST JA BESESSEN VON MIR! DU BIST TOTAL VERKNALLT IN MICH!
SEI STILL! BIN ICH GAR NICHT!

HEY, DAS IST ECHT SCHMEICHELHAFT, ABER DU BIST SO GAR NICHT MEIN TYP. DU BIST MIR VIEL ZU ÄNGSTLICH.
HÖR MAL ZU!
WENN ICH VON ETWAS BESESSEN BIN, DANN DAVON, WIE ICH DICH LOSWERDEN KANN.

(DIESE SEITE WURDE ABSICHTLICH LEER GELASSEN, UM BETRETENES SCHWEIGEN ANZUDEUTEN.)

OK. WOW. DAS WAR NICHT NETT. WEISST DU WAS? ICH MACH SCHLUSS. VIEL GLÜCK! OHNE MICH STEHST DU DOCH KEINE FÜNF MINUTEN DURCH.

UND VERSUCH BLOSS NICHT, MICH ZU FINDEN – ICH BIN EIN MEISTER DER TARNUNG UND – OH, MIST!

AU. IDIOT.

WORÜBER BIN ICH DENN GESTOLPERT?
ÄH … KEINE AHNUNG. LASS UNS EINFACH …

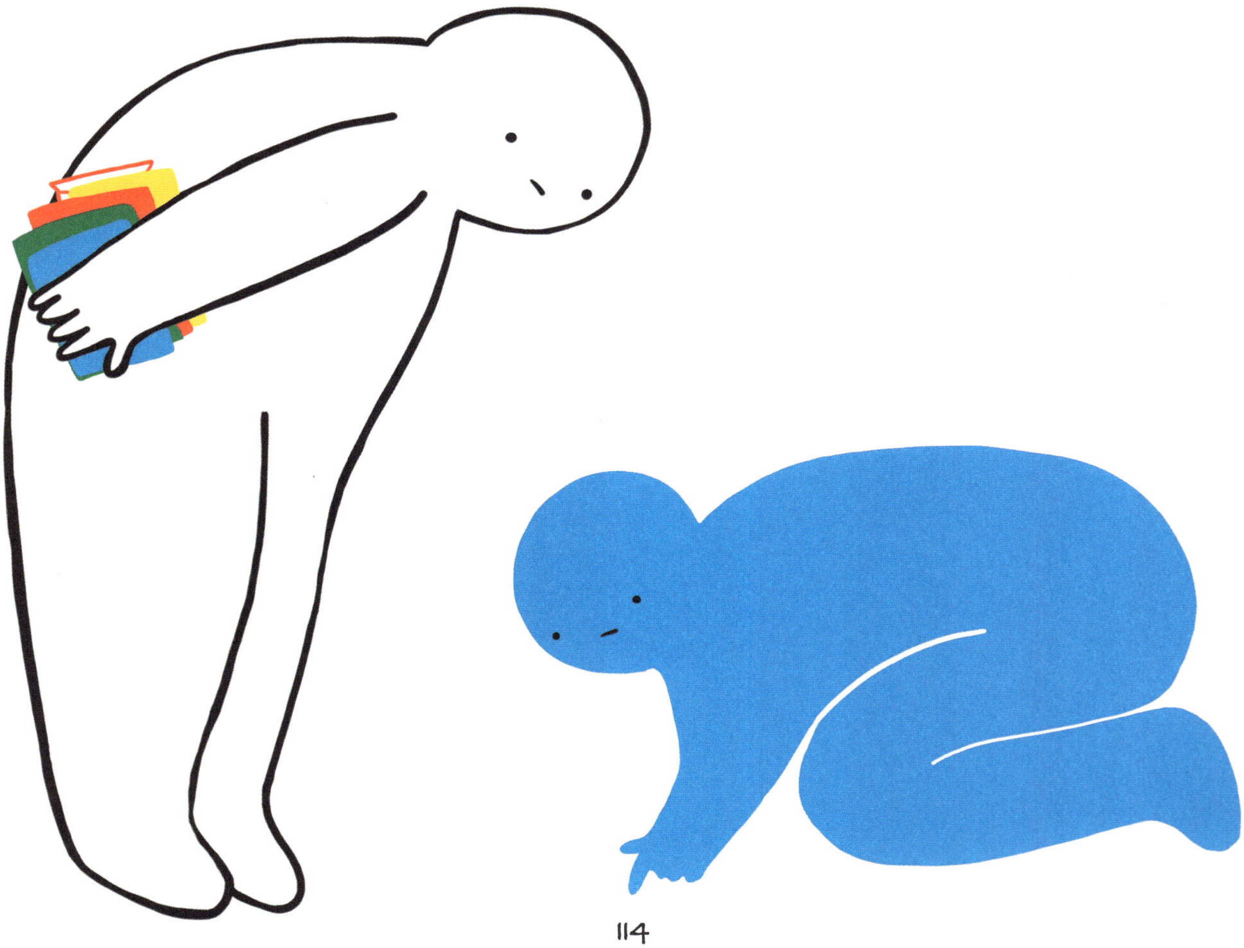

SEITENZAHLEN?

SORGE, ICH VERRATE DIR JETZT ETWAS, ABER BITTE FLIPP NICHT AUS.
AUSFLIPPEN? MOI?

DU SOLLST DIR EINFACH KEINE SORGEN MACHEN ...
WENN ICH NOCH EINMAL HÖRE, ICH SOLL MIR KEINE SORGEN MACHEN, KRIEGE ICH EINE PANIKATTACKE.

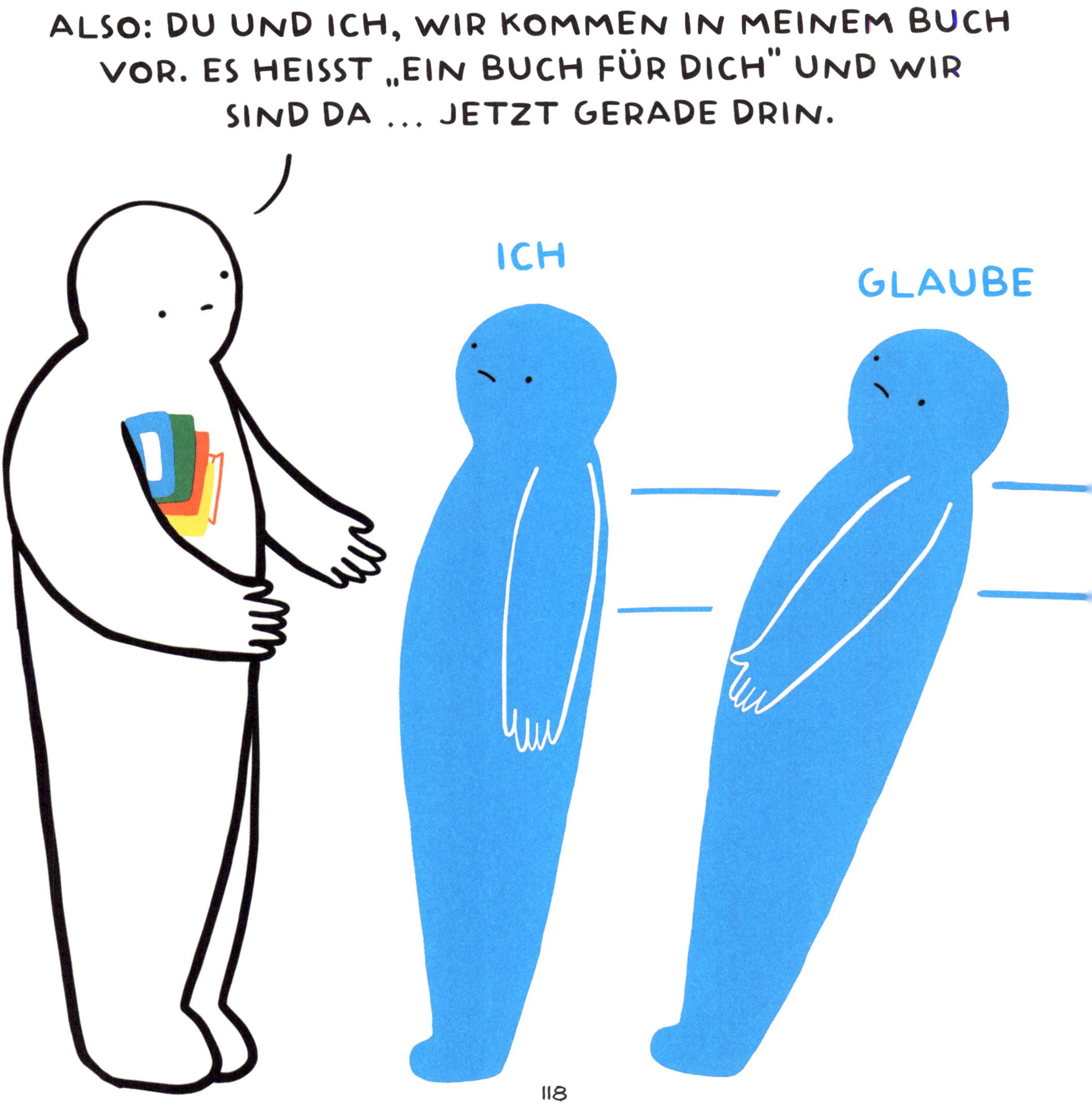
ALSO: DU UND ICH, WIR KOMMEN IN MEINEM BUCH VOR. ES HEISST „EIN BUCH FÜR DICH" UND WIR SIND DA ... JETZT GERADE DRIN.
ICH
GLAUBE

MIR
WIRD ...

WO ZUM TEUFEL SIND MEINE BEINE?
ACH, DIE SIND NUR ABGESCHNITTEN. AUF DER NÄCHSTEN SEITE HAST DU SIE WIEDER.

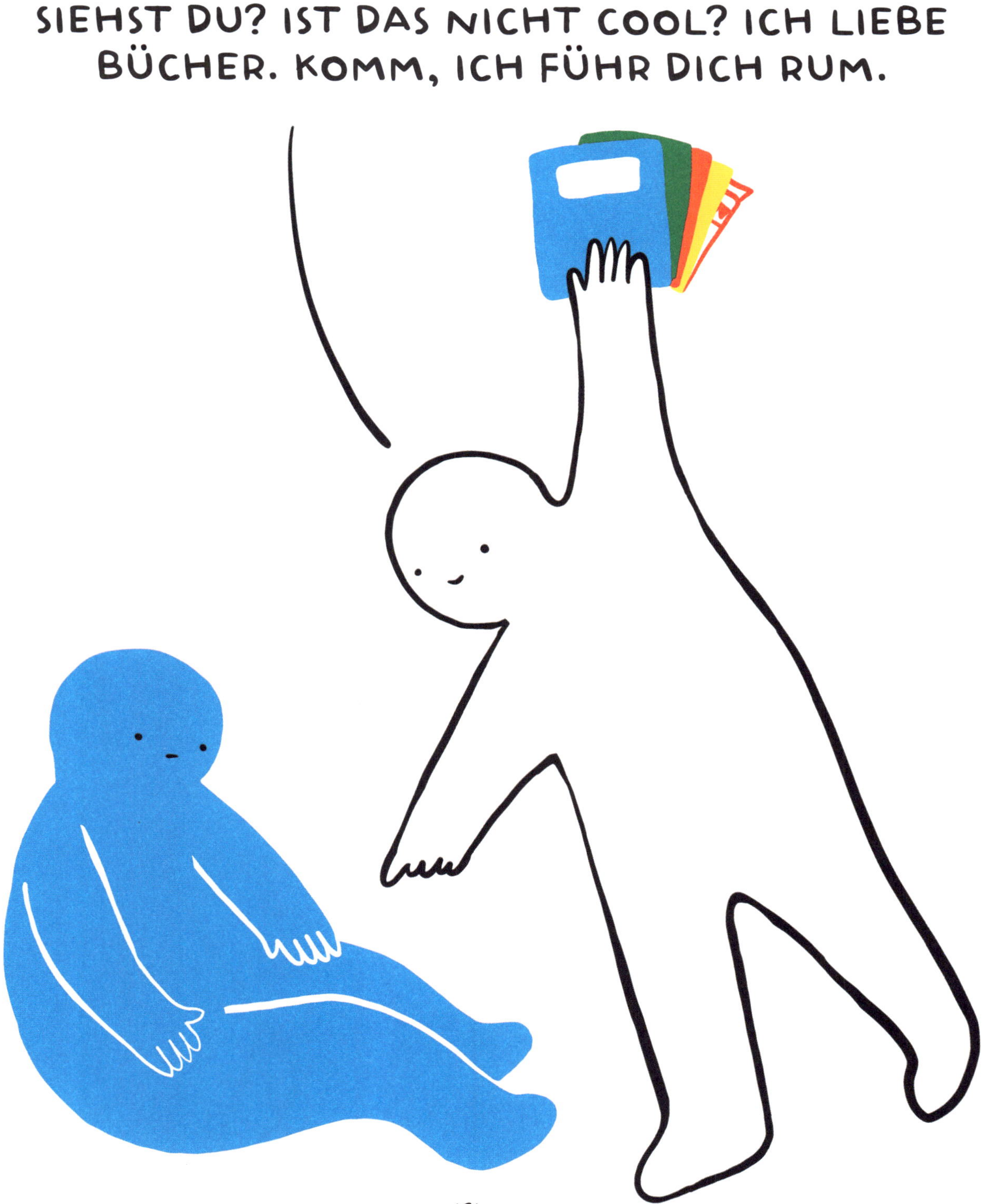
SIEHST DU? IST DAS NICHT COOL? ICH LIEBE BÜCHER. KOMM, ICH FÜHR DICH RUM.

DAS IST ALSO ... EIN BUCH?
JA! MEIN BUCH.
UND ICH BIN NUR ... AUSGEDACHT?
PROCESSING...
IMMERHIN BASIERST DU AUF WAHREN BEGEBEN-HEITEN.

MEIN THERAPEUT MEINTE, ICH SOLL DICH ANTHROPOMORPHISIEREN -
MICH ANTHRO-PO-WAS?
PROCESSING...
LASS MICH RUNTER, ICH HABE EINE EXISTENZKRISE.
PROCESSING...
WIE - JETZT?

ICH DACHTE, DU MAGST BÜCHER!
LESEN!
NICHT DARIN VORKOMMEN!

ICH KANN NICHT GLAUBEN, DASS DU IMMER NOCH ZUR THERAPIE GEHST, NACH ALLEM, WAS ICH FÜR DICH GETAN HABE.
JETZT MAL GANZ RUHIG!

ICH
BIN

RUH

COOKIES
HEY! HEY! REG DICH NICHT AUF!

ICH REGE MICH AUF, WANN ICH WILL!
COOKIES

COOKIES

COOKIES
COOKIES

SORRY, DU WOLLTEST KEINE, ODER? WARTE, ICH GLAUBE, EINER IST NOCH DRIN ...
COOKIES

UPS!
COOKIES
GUT. SEHR WITZIG. ICH NEHME AN, DU HAST DICH WIEDER EINGEKRIEGT?

SEUFZ
HAST DU EINE AHNUNG VON DEN PHILOSOPHISCHEN KONSEQUENZEN, WENN UNS BEIDEN BEWUSST IST, DASS WIR IN DIESEM BUCH AUFTAUCHEN?
ES IST DEINE PFLICHT ALS AUTOR, SO WAS ZU ENDE ZU DENKEN!
ES IST NUR EIN BILDERBUCH.
ICH MÜSSTE MIR NICHT SO VIELE GEDANKEN MACHEN, WENN DU DIR NICHT SO WENIGE MACHEN WÜRDEST!
ICH MAG MEINE GEDANKEN MEDIUM RARE.

ICH GEB'S UNGERN ZU, ABER, SIEH DOCH MAL, OHNE DICH HÄTTE ICH DAS BUCH GAR NICHT MACHEN KÖNNEN. ICH DACHTE, DU FREUST DICH, DASS DU AUSNAHMSWEISE MAL SO WAS WIE EIN PROTAGONIST BIST.
WARTE MAL ... ICH BIN DER HELD?
DAS HABE ICH EIGENTLICH NICHT -
JETZT BEGREIFE ICH! ICH BIN DER HELD UND DU DER NERVIGE, ABER LOYALE SIDEKICK. DU FOLGST MIR UND ICH ERLEDIGE DEN HELDENKRAM!

TUT MIR LEID, DASS ICH AUSGEFLIPPT BIN UND ALLE KEKSE GEGESSEN HABE.
MIR TUT ES AUCH LEID, DASS DU ALLE KEKSE GEGESSEN HAST.

ZEICHNUNGEN ÜBER
EMPATHIE

IMMER DRAN DENKEN.

MANCHE TAGE SIND

BESSER ALS ANDERE

GEDANKENSTÜTZE.

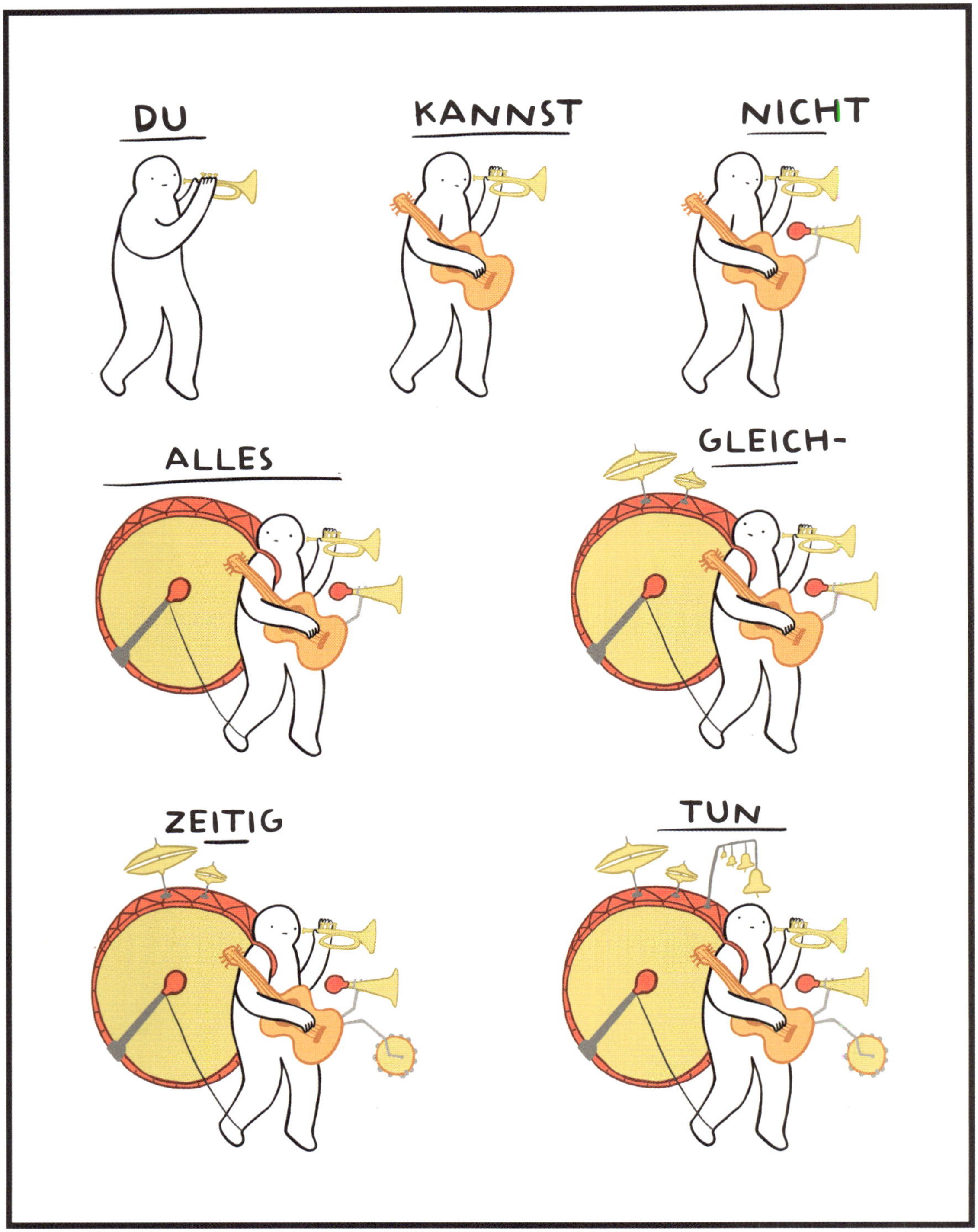

WENIGER IST MEHR.

EINS MIT DER NATUR.

DURCH DIE JAHRESZEITEN.

DAS LEBEN IST WIE EIN DACKEL:
LANG UND KURZ ZUGLEICH,

GANZ WUNDERBAR UND
HERRLICH ABSURD

UND VOLLER RÜCKENSCHMERZEN.

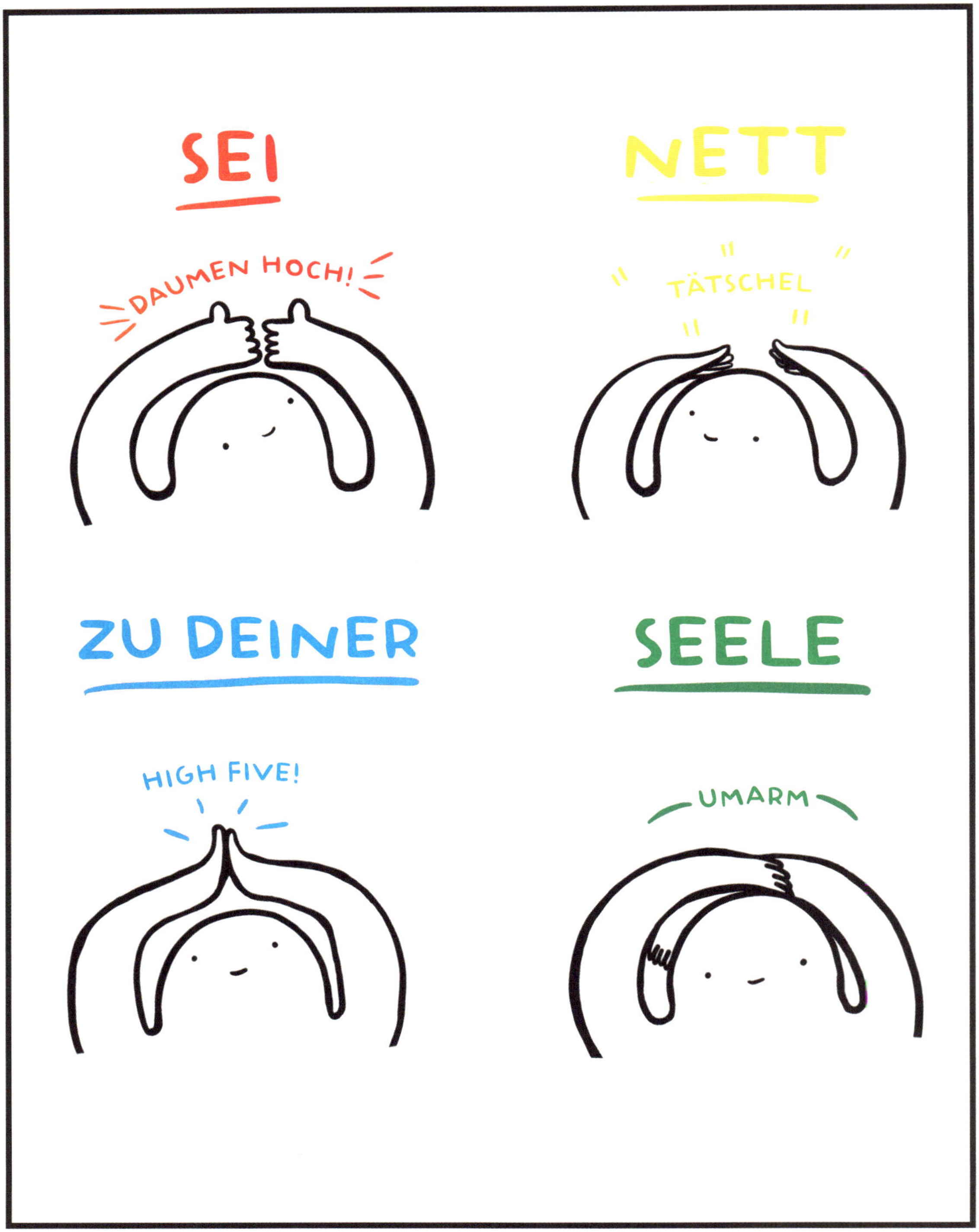

STREICHELEINHEITEN.

ZEIT, DEN GARTEN UMZUGRABEN.

SYMBIOSE.

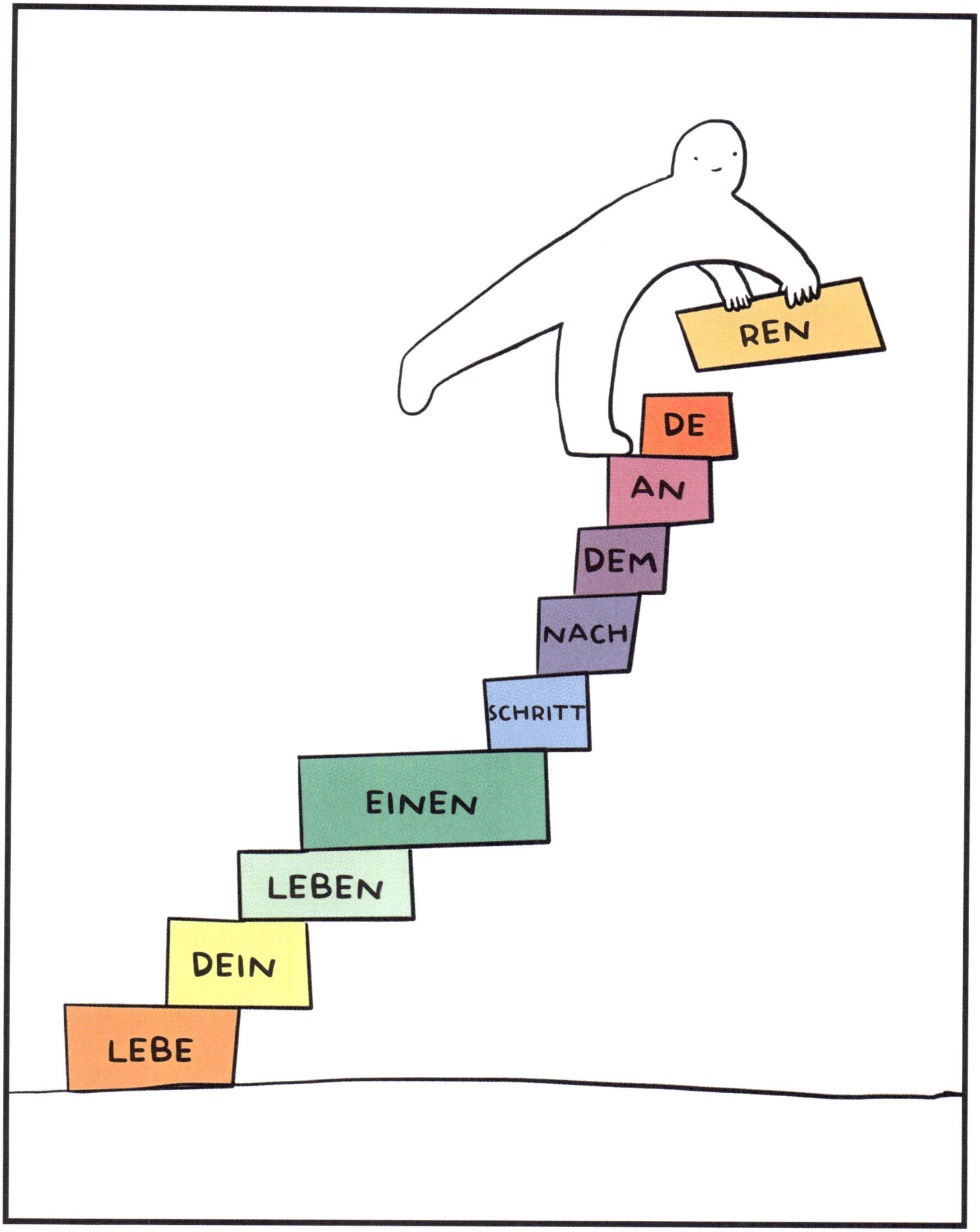

HOCH HINAUS.

DAS KOMMT ... UNERWARTET. ALLES OKAY?
DIE FAND ICH GANZ OKAY!

WAS ZUM ...

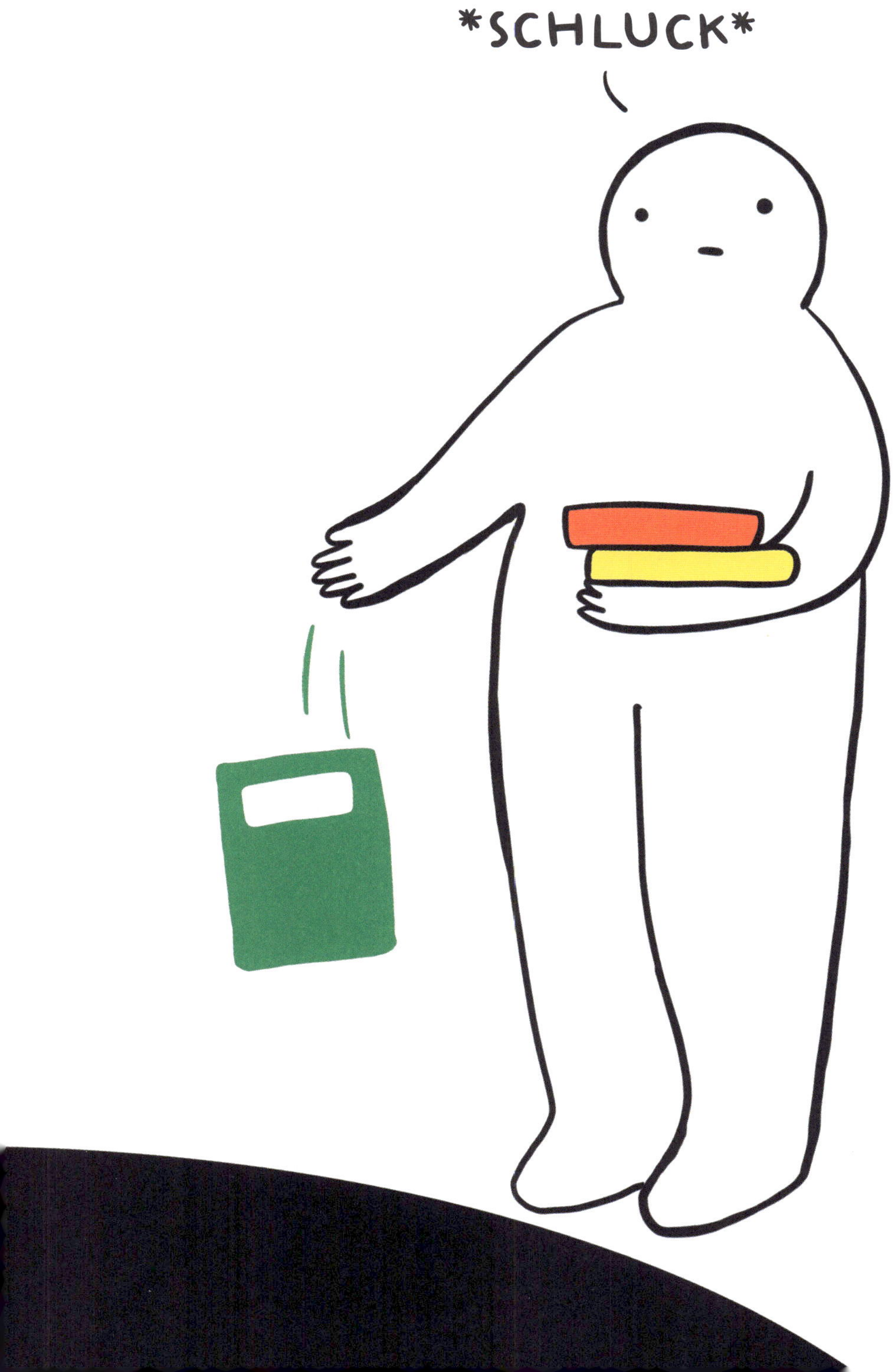
SCHLUCK

WAS ... IST ... DAS?

ES IST RIESIG!

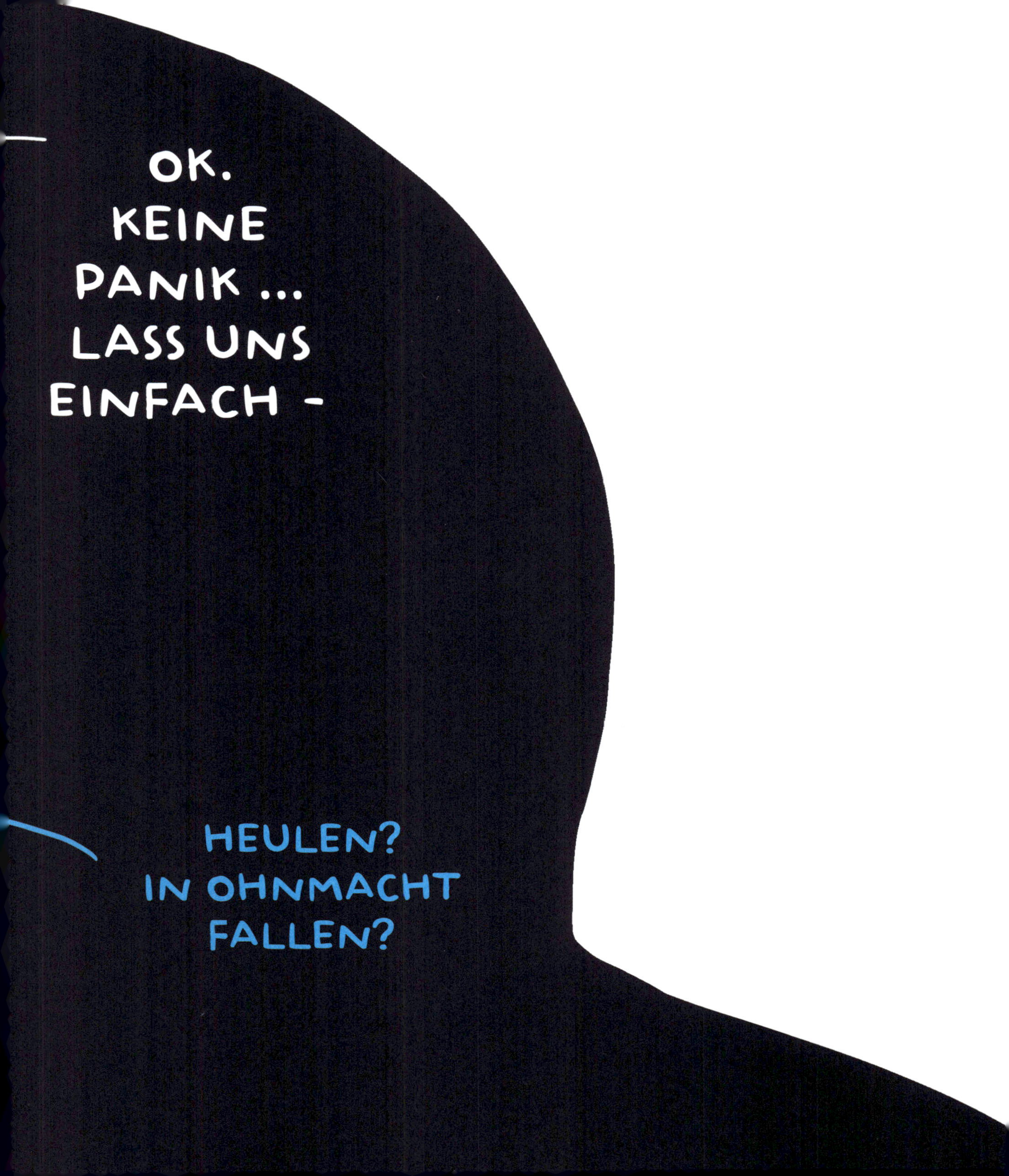
OK. KEINE PANIK ... LASS UNS EINFACH -
HEULEN? IN OHNMACHT FALLEN?

LAAAAAU

UUUUUF!
DAS FÜHLT SICH VERDAMMT NACH PANIK AN!

WARTE MAL! HALT! ICH WEISS,
WAS DAS IST! EIN LESER!

ICH DACHTE, DIE WÄREN AUSGESTORBEN.

FLÜSTERT VORSICHT! ICH HABE GEHÖRT, DASS DIE BÜCHER MIT IHREN AUGEN VERSCHLINGEN ...
FLÜSTERT PSSST! ES LIEST MEIN BUCH! ICH WERDE VERSUCHEN, ES ANZUSPRECHEN.
FLÜSTERT WAHRSCHEINLICH HAT ES MEHR ANGST VOR UNS ALS WIR VOR IHM.
FLÜSTERT UNWAHRSCHEINLICH. ICH HABE EINE HÖLLENANGST.

FLÜSTERT ANGEBLICH SIND LESER SANFTMÜTIG UND INTELLIGENT.
FLÜSTERT WENN ES SO INTELLIGENT IST, WARUM LIEST ES DANN AUSGERECHNET DEIN BUCH?
FLÜSTERT OKAY, ICH STÄRKE DIR DEN RÜCKEN. INDEM ICH MICH DAHINTER VERSTECKE.
RUFT HUHU, LESER!

ÄHEM ... HEY LESER, SCHÖN, DASS DU DA BIST! ICH HABE, ÄH ... EIN PAAR ZEICHNUNGEN GEMACHT, DIE DU VIELLEICHT ...
WIRST DU GERADE ROT?
FLÜSTERT HALT DEN RAND, SORGE!

ZEICHNUNGEN ÜBER
LIEBE

NUR MUT!

LASS DICH FALLEN.

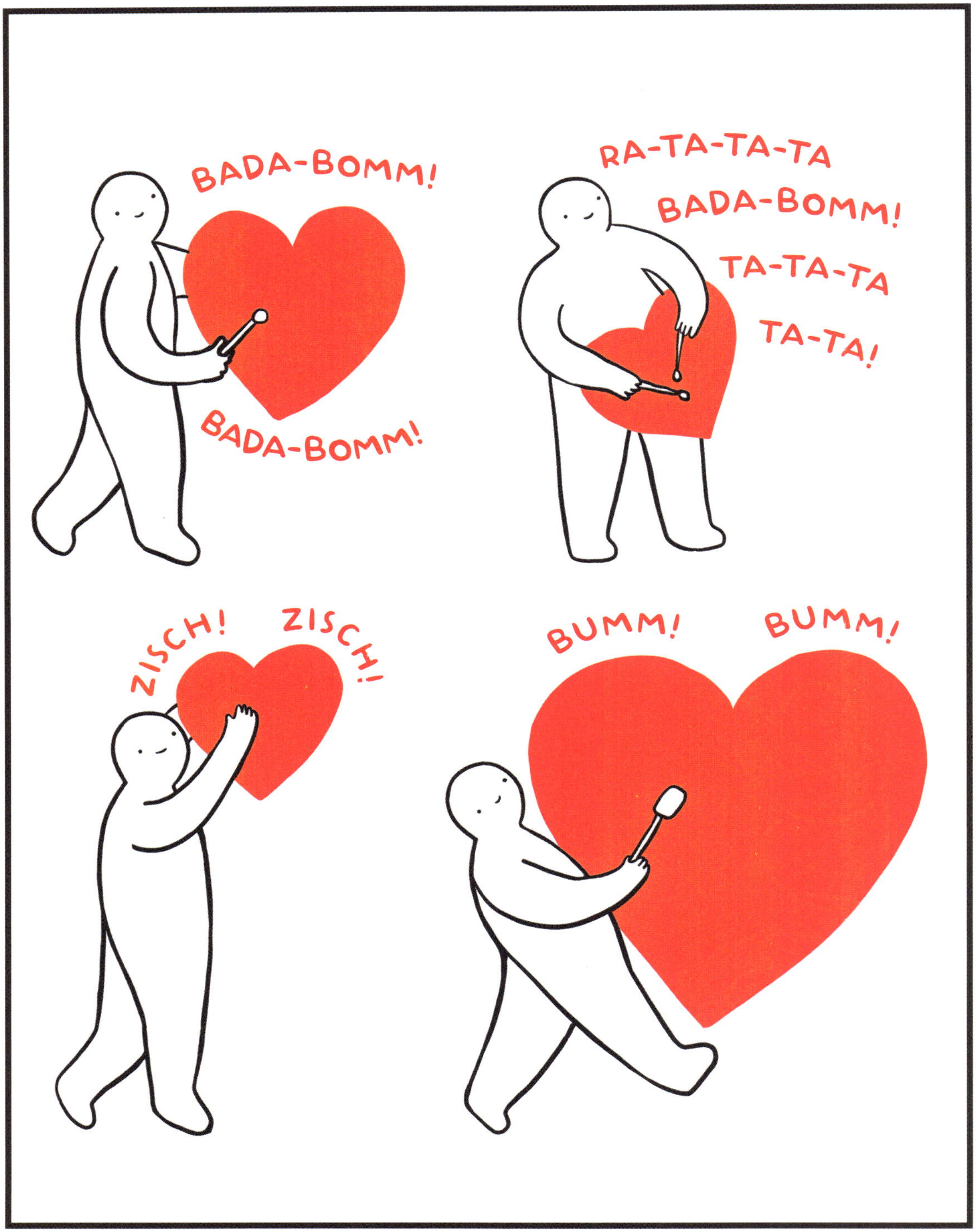
BADA-BOMM!
BADA-BOMM!
RA-TA-TA-TA
BADA-BOMM!
TA-TA-TA
TA-TA!
ZISCH!
ZISCH!
BUMM!
BUMM!

HEARTBEATS.

SCHNECKENTEMPO.

LOVE STORY.

AUSSERDEM IST ES MIR DAUERND IN DIE SUPPE GEFALLEN.

SCHLECHT GEZIELT.

ICH HABE NUR AUGEN FÜR DICH.

GLEICH KNALLT'S.

ZUSAMMEN WACHSEN.

EIN HERZ WÄCHST ÜBER SICH HINAUS.

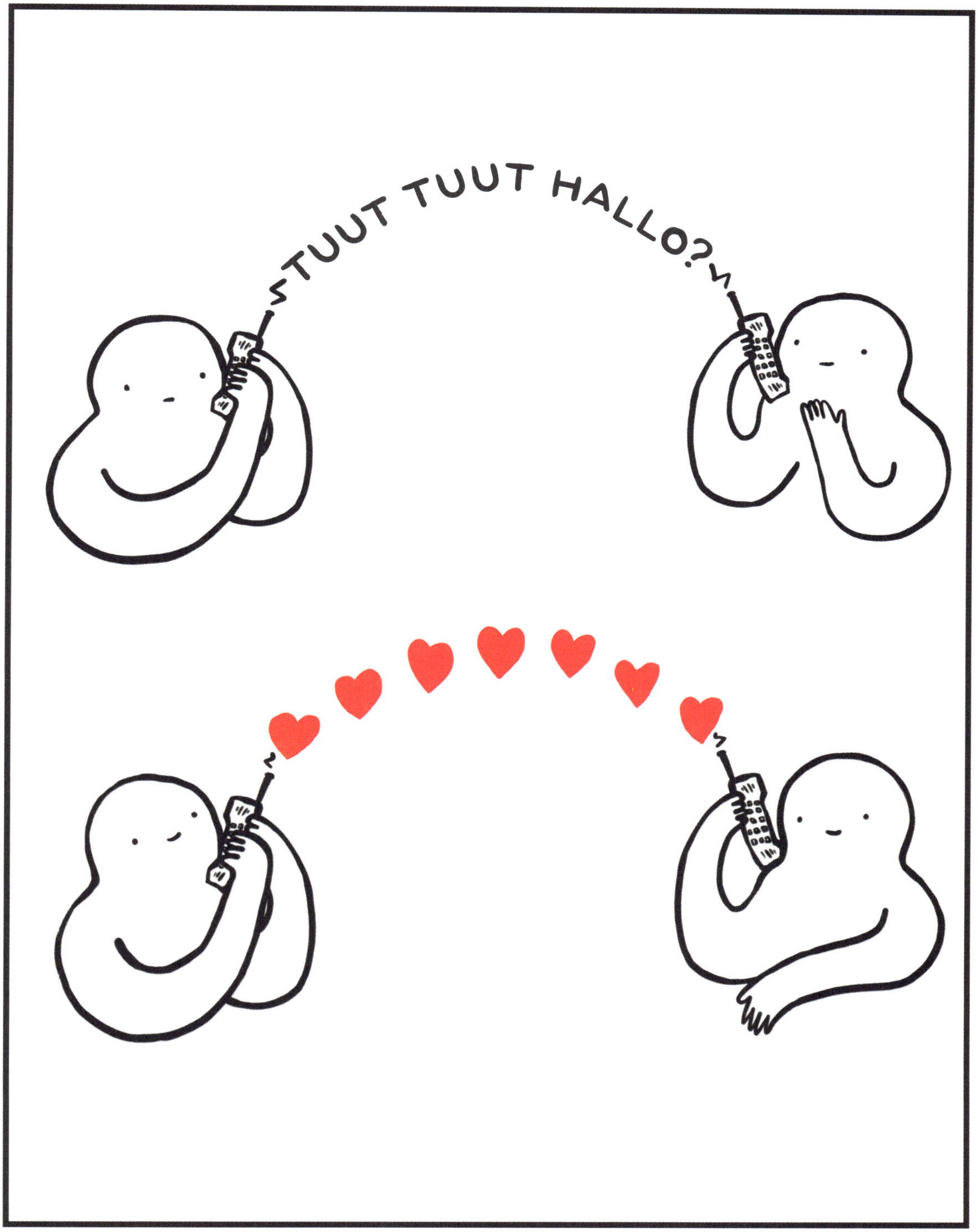

RUF MAL WIEDER AN.

NA, WIE HABEN DIE DIR GEFALLEN?
ICH GLAUBE, MIR IST SCHLECHT.
FLÜSTERT HALT DEN MUND, SORGE!

ÄH, SORGE? WARUM GEHST DU SO KOMISCH?
ICH FÜHLE MICH SO BEOBACHTET - ICH WEISS GAR NICHT MEHR, WIE MAN NORMAL GEHT.

REISS DICH ZUSAMMEN! DU BLAMIERST MICH JA VOR DEN LESERN!
WAS MACHE ICH SONST IMMER MIT DEN ARMEN?

LESER, VIELLEICHT KANNST DU UNS HELFEN? UNS IST JEMAND ... ODER ETWAS ... VERLOREN GEGANGEN. HOFFNUNG.
DAS HABEN DIE LESER GARANTIERT SCHON MITBEKOMMEN.

ZEICHNUNGEN ÜBER HOFFNUNG

DIE LETZTE RETTUNG.

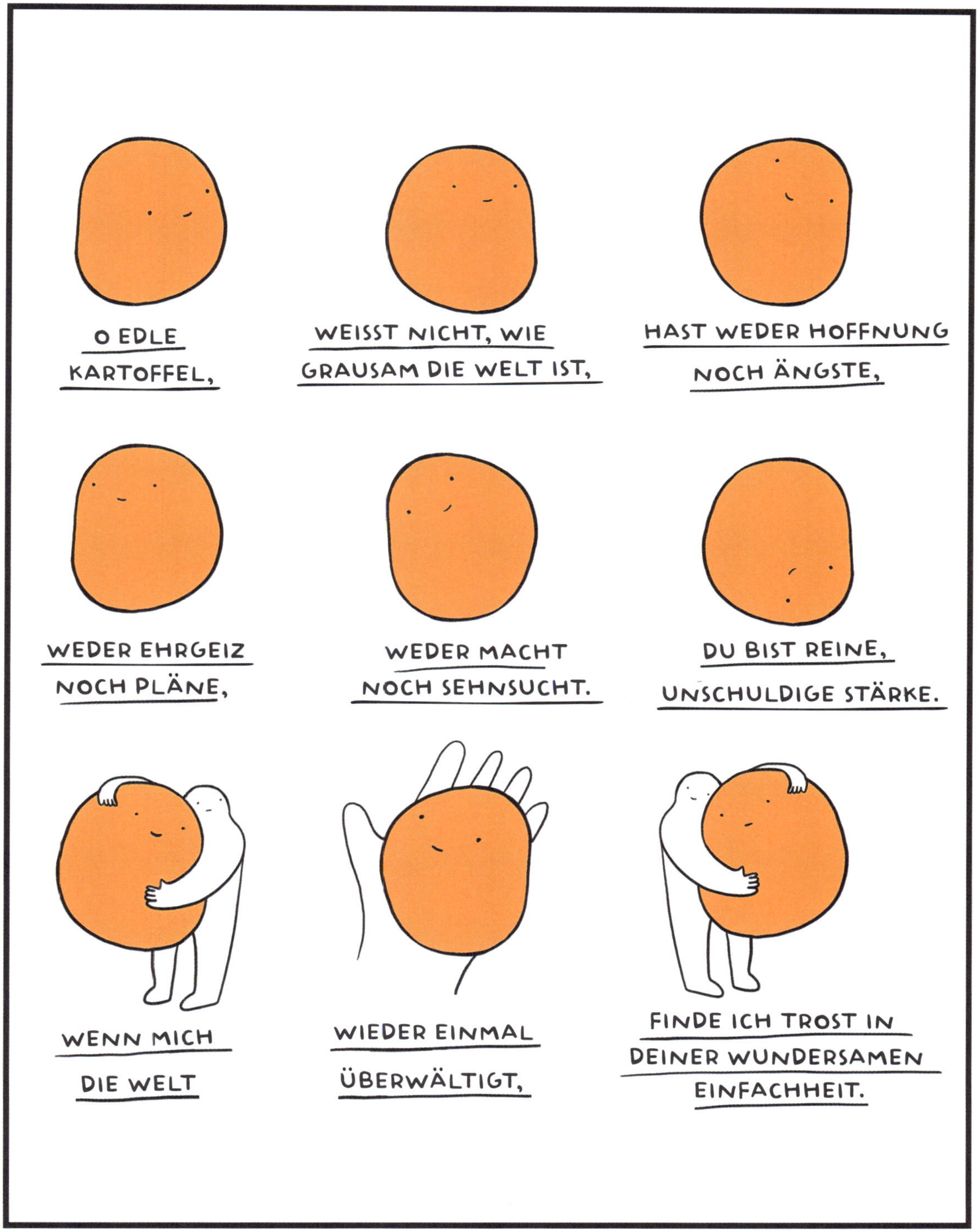

DIE KÖNIGIN DER STÄRKE.

ABER BESSER ALS GAR NICHTS ZU LACHEN.

AUFGEBLÜHT.

SELBSTBEWUSSTSEIN

ICH BIN MUT

ICH BIN LIEBE

ICH BIN KARTOFFEL

ICH BIN WACHSTUM

ICH BIN MUSIK

ICH BIN FRISCHE BRISE

ICH BIN KICKBOXEN

ICH BIN HOFFNUNG

ICH BIN WUNDERBAR DURCHEINANDER

UND JETZT ALLE ZUSAMMEN!

DU BIST WILLKOMMEN
DU BIST SICHER
DU ZÄHLST
DU GEHÖRST ZU UNS

HAPPY PRIDE.

BLICK NACH VORN.

MIT DEINEN WOLKEN BIST DU BEI MIR GENAU RICHTIG.

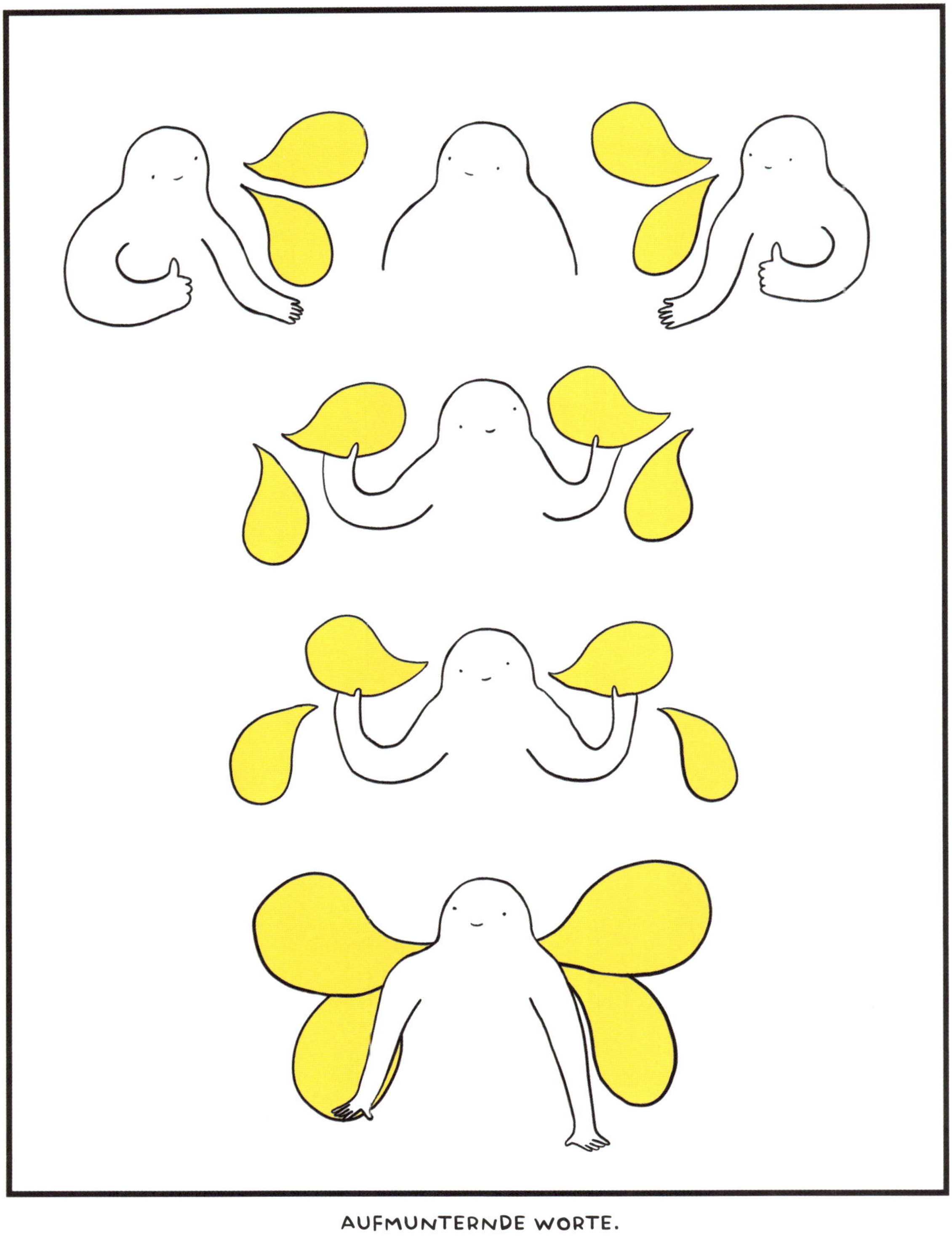

AUFMUNTERNDE WORTE.

IN VOLLER BLÜTE.

IMMER SCHÖN DAS KLEINGEDRUCKTE LESEN!

RAUS AUS DEN FEDERN.

DANN BLÜHT MAN RICHTIG AUF.

UNSERE ERDE.

SORGE, LAUF DOCH SCHON MAL VOR, ICH HOLE DICH IN EIN PAAR SEITEN EIN.
DA VORNE IST HOFFNUNG!

LIEBE LESERIN, LIEBER LESER, BEVOR DAS BUCH GLEICH (ACHTUNG, SPOILER!) ZU ENDE IST, MUSS ICH DIR NOCH ETWAS VERRATEN.

UFF. ES FÜHLT SICH SELTSAM AN, DICH DIREKT ANZUSPRECHEN. ABER ICH MÖCHTE, DASS DU WEISST, WIE FROH ES MICH MACHT, DASS DU HIER BIST. UND WAS DICH BETRIFFT, NUN …

ICH HOFFE, DASS ICH ÜBER MEINE SORGE GEREDET HABE, MACHT ES FÜR DICH EINFACHER, ÜBER DEINE ZU REDEN. NATÜRLICH NUR, WENN DU WILLST.

UND WENN DU, WIE ICH, MANCHMAL GLAUBST, DU HAST DIE HOFFNUNG VERLOREN - VIELLEICHT IST SIE NUR EIN PAAR SCHRITTE VORAUSGEGANGEN.
UARKS. MIR WIRD SCHON WIEDER SCHLECHT.
ACH, HALT DEN MUND, SORGE!

LIEBE LESERIN, LIEBER LESER, ICH MÖCHTE EINFACH NUR SAGEN:

DIESES BUCH IST FÜR DICH!

ICH HOFFE, ES BAUT DICH EIN WENIG AUF!
ETWASPESSIMISTISCHESMURMEL

WORRY LINES
ÜBER HOFFNUNG, SORGEN UND SCHOKOKEKSE
EIN BUCH FÜR DICH!
LAPPAN

ORIGINAL ENGLISH LANGUAGE EDITION
FIRST PUBLISHED IN THE UNITED STATES BY
TEN SPEED PRESS, AN IMPRINT OF RANDOM HOUSE,
A DIVISION OF PENGUIN RANDOM HOUSE LLC, NEW
YORK.

ORIGINALTITEL: THIS BOOK IS FOR YOU: I HOPE YOU
FIND IT MILDLY UPLIFTING

ORIGINALVERLAG: TEN SPEED PRESS, AN IMPRINT
OF RANDOM HOUSE, A DIVISION OF PENGUIN RAN-
DOM HOUSE LLC, NEW YORK.

AUS DEM ENGLISCHEN VON CORNELIUS HARTZ

ILLUSTRATIONEN UND TEXT: WORRY LINES

LEKTORAT: JANA LEGAL
COVERGESTALTUNG: ULRIKE BOEKHOFF
HERSTELLUNG: ESKE GARRELS, RALF WAGNER

ISBN: 978-3-8303-3635-8

FOLGT UNS! facebook.com/lappanverlag
Instagram.com/lappanverlag
www.lappan.de

Unser Versprechen für mehr Nachhaltigkeit
- Klimaneutrales Produkt
- Farben auf pflanzlicher Basis
- Papiere aus nachhaltiger Waldwirtschaft
- Hergestellt in Europa

FSC
www.fsc.org
MIX
Papier aus verantwortungsvollen Quellen
FSC® C002795

FOLGE WORRY LINES
AUF INSTAGRAM:
@WORRY__LINES